Petra Steinberger (Hg.)
Die Finkelstein-Debatte

Petra Steinberger (Hg.)

DIE FINKELSTEIN-DEBATTE

Piper
München Zürich

ISBN 3-492-04328-3
© Piper Verlag GmbH, München 2001
Umschlaggestaltung: Zeichen & Wunder, München
Satz: Dr. Ulrich Mihr GmbH, Tübingen
Druck und Bindung: Friedrich Pustet, Regensburg
Printed in Germany

Inhalt

Petra Steinberger

Einleitung

Der Auslöser für eine ernste Debatte muß nicht unbedingt sachlich und ausgewogen sein. Im Gegenteil: Oft sind es polemische, überspitzte, manchmal auch falsche Behauptungen und Thesen, die zu vernünftigen Antworten und neuen Einsichten herausfordern. Und vermutlich ist das auch mit Norman Finkelsteins Buch *Die Holocaust-Industrie* nicht viel anders. Der Beginn, Finkelsteins Thesen von der »Ideologisierung des Holocaust«: Da ist einiges hinterfragenswert, mag manches auch fragwürdig sein (seine schärfsten Kritiker gestehen ihnen nicht einmal mehr das zu), doch im besten Fall bringen die Repliken dann Wahrheiten zur Sprache, die erklären, klärend wirken. Finkelsteins Buch ist Anfang Juli letzten Jahres in den USA und Großbritannien erschienen – und hat in beiden Ländern erstaunlich unterschiedliche Reaktionen ausgelöst. In Amerika ging es erstmal unter, wurde abgetan als Machwerk dubiosester Sorte. In England beschäftigten sich die großen Zeitungen über Wochen mit ihm: Der *Guardian* druckte zwei Buchauszüge und kritisierte später Finkelstein; in der Londoner *Times* und im linken Intellektuellenblatt *New Statesman* erschienen Rezensionen, deren

9

Autoren hin- und hergerissen waren; das einflußreiche liberale Wochenmagazin *Economist* lobte das dünne Werk auf der ersten Seite seines Kulturteils. In den Niederlanden stieß es auf großes Interesse, in der Schweiz und Österreich wird es diskutiert – und auch hier.

Hier ist aber Deutschland, das Land, das den Holocaust zu verantworten hat, und zu Recht mußte man sich zumindest Gedanken machen darüber, was ein solches Buch wohl auslösen, wem es nützen, von wem es mißbraucht werden könnte. Ein solches Buch eines jüdischen linken US-Politologen, der wutschäumend über die »amerikanisch-jüdischen Eliten« herfällt, die er der Bereicherung zu Lasten der Opfer und des Mißbrauchs am Andenken des Holocaust bezichtigt, der Erpressung von Schweizer Banken und deutschen Firmen – ein solches Buch also könnte, so fürchtete Salomon Korn, Präsidiumsmitglied des Zentralrats der Juden in Deutschland, »gewisse Erwartungshaltungen in Bezug auf judenfeindliche, antisemitische Stereotypen bedienen«.

Der Streit um Finkelsteins Thesen wurde damit weitergeführt – auf die damit eng zusammenhängende und hier immer wieder neu zu stellende Frage, ob und was man den Deutschen eigentlich zumuten oder zutrauen kann. Freie Meinungsäußerung um jeden Preis? Ausgerechnet hier? Da spielt in diesem Land immer noch die Angst mit, man könne es den Menschen noch nicht zutrauen, daß sie schon richtig urteilen werden.

Die Erwiderungen und Besprechungen in den deutschen Feuilletons waren zum größten Teil negativ. Man hat Finkelstein im Verdacht, daß er ein Verschwörungstheoretiker sei; man hat ihm obsessive Schimpftiraden und Simplifizierungen vorgehalten; er arbeite mit verfälschten Zahlen und Zitaten, mit pauschalen Unterstellungen. Und selbst der *Economist* schreibt: »Er ist besessen, und er geifert.« Aber dann: »Doch sein Grundargument, das Gedenken an den Holocaust werde entwürdigt, ist ernst und sollte ernstgenommen werden.«

Tatsächlich ist Finkelsteins Buch eigentlich nur Teil – und fraglos nicht der auslösende Teil – einer schon länger stattfindenden innerjüdischen Debatte, die hauptsächlich in Amerika ausgetragen wird. Ende letzten Jahres erschien Peter Novicks Buch mit Thesen zum *Holocaust in American Life* – auf die sich Finkelstein in weiten Teilen bezieht. Diese Thesen wurden in Amerika sehr lebhaft diskutiert; auch in Deutschland hat Novick sie vorgestellt. Es ist ein gutes, interessantes, ein wissenschaftliches Buch; doch erst jetzt, im Zuge der durch Finkelstein ausgelösten Debatte, hat es einen deutschen Verleger gefunden. Sucht man hingegen in amerikanischen Zeitungen nach Besprechungen von Norman Finkelstein, wird man kaum welche finden. Ein Buch, das doch eher auf den amerikanischen Markt, auf den dort stattfindenden innerjüdischen Diskurs abzielt, wird vor allem in Europa, in Deutschland rezipiert – was nun wiederum Christopher Hitchens im linksliberalen US-Intellektuellenmagazin *The Nation* kommentiert. Hitchens wirft den Amerikanern ihr Schweigen, Verschweigen der Thematik vor: In den USA, »wo Presse und Wissenschaft sich mit einer fast uniformen Kombination von Holocaust-Kitsch und

11

Holocaust-Dogma verbunden haben, wird es nicht gestattet, daß ein wirklicher Streit darüber aufkommt. Die Selbstüberschätzung ist kaum mehr vorstellbar. »Harte Worte, die einerseits in Finkelsteins Kerbe schlagen – die andererseits jedoch nicht dazu dienen können und dürfen, die Deutschen von der Auseinandersetzung mit der eigenen Vergangenheit abzulenken.

Jedenfalls erklärt dieses, jeweils anders gelagerte Zögern auf beiden Seiten des Atlantiks zumindest zum Teil, warum es größtenteils amerikanische, jüdische, jedenfalls aber kaum deutsche Kommentatoren und Wissenschaftler sind, die die Debatte bislang führen – und zwar hier, nicht aber dort. Erst nachdem die britischen Medien voll davon waren, schrieb Omer Bartov in der *New York Times* – vernichtend: Das Buch sei »die Ansicht eines ideologischen Fanatikers über anderer Leute Opportunismus«, es enthalte »wie jede gute Verschwörungstheorie, mehrere Körnchen Wahrheit«. Finkelstein könne nun von sich behaupten, »seine eigene Holocaust-Industrie erschaffen zu haben«.

Und das wäre es womöglich schon gewesen – doch dann erschien in der Septemberausgabe der konservativen jüdischen Intellektuellenzeitschrift *Commentary* ein Essay des Chefredakteurs Gabriel Schoenfeld: »Holocaust-Reparationen – ein wachsender Skandal«. In der Frage der Entschädigungsverhandlungen kommt Schoenfeld – obwohl er sich scharf von Finkelstein distanziert – zu erstaunlich ähnlichen Ansichten: Die Jewish Claims Conference (JCC) und der Jüdische Weltkongreß seien politisch ungeschickt, sie übten zu häufig zu großen Druck auf Leute aus, die ihnen gar nichts schuldig seien – und riskierten so zugunsten kurzfristiger Vorteile auf lange Sicht ihr Image. »Es ist höchste Zeit, neu darüber nachzudenken.« Schoenfeld hofft, daß die Angriffe von »Extremisten« wie Finkelstein »nicht andere, verantwortungsvollere Stimmen davon abhalten mögen, Kritik zu äußern, wann und wie sie notwendig wird.«

Nun liegt vielleicht gerade hier der ungemütliche Berührungspunkt mit dem deutschen Interesse an Finkelstein – und das ist das ungute Gefühl, das wohl jeder dabei empfindet: Was interessiert uns überhaupt an dieser Diskussion? Ist dafür jetzt, da die, zwar schon seit langer Zeit mehr oder weniger latent vorhandene, rechte Gewalt wieder thematisiert wird, der richtige Zeitpunkt? Und schürt man nicht, wenn man jetzt auf Finkelsteins Polemik eingeht, sie gar auf deutsch veröffentlicht, jenes berüchtigte »Klima«, in dem die Ewiggestrigen und die neuen Nazis so wohl gedeihen?

Nun befreien die Vorwürfe, ob richtig, falsch oder teilweise richtig, gegen die JCC und andere jüdische Institutionen keinenfalls jene deutschen Firmen, Banken, Versicherungen, Kirchen aus der moralischen Verantwortung und finanziellen Verpflichtung gegenüber den Opfern – das eine hat mit dem anderen herzlich wenig zu tun. In aller Deutlichkeit: Wer von jenen Firmen, die sich gerade totstellen, weil sie angeblich zwischen 1933 und 1945 niemals von Zwangsarbeitern gehört haben, sich mit Hilfe von Finkelsteins Argumenten wegstehlen will, ist ein zynischer Heuchler. In vielen Institutionen kommt es zu Korruption, Unkorrektheiten, fiesen Machtspielen – und Verfehlungen sind auch möglich, wenn damit ein legitimes Ziel mit bestem Wissen und Gewissen verfolgt wurde. Wer in den Verfehlungen einer Institution, nur weil sie jüdisch ist und sich die schwere Aufgabe gestellt hat, das Leid der Opfer wenigstens materiell zu lindern – wer nun darin seine typisch jüdischen Stereotypen wiederentdecken möchte, dem ist nicht zu helfen. Umgekehrt könnte die Erwartung, jüdische Institutionen müßten besser, gleichsam untadelig sein, einem ebenso fragwürdigen Weltbild entstammen.

Ein jüdischer Intellektueller, egal was für Meinungen er äußert, welche radikalen Positionen er vertritt, kann nicht dafür verantwortlich gemacht werden, daß Neonazis in Deutschland Synagogen anzünden oder jüdische Gräber schänden. Antisemitismus, wie auch Rassismus, ist selbstreferentiell. Antisemiten »haben ein hermetisch geschlossenes Weltbild«, wie Salomon Korn sagt. Für ihre Wahnideen brauchen sie keine Juden, schon gar keinen Norman Finkelstein. Daß Beifall von falscher Seite aufbrandet, bei jeder Diskussion einer solchen Art immer aufbranden wird, ist klar, unvermeidlich und darf dennoch kein Hinderungsgrund sein. Finkelsteins Thesen in ihren möglichen Perspektiven seriös zu diskutieren, ist legitim. Das Anliegen des vorliegenden Bandes ist, diese Diskussion in der ganzen Vielfalt ihrer Meinungen und Aspekte zu dokumentieren und einer breiten Öffentlichkeit leicht zugänglich zu machen.

In Großbritannien sagt man: Interessantes Thema – doch nun zu etwas ganz anderem. In den USA übergeht man Finkelsteins Polemik – und importiert seine Thesen via *Commentary* in den Mainstream. Was in Deutschland zu spüren ist, in den Debatten, den Angriffen, den Bitten, das Buch nicht zu veröffentlichen, das ist: Angst. Die Angst der jüdischen Gemeinde – vor den Deutschen. Und die Angst der Deutschen – vor sich selbst. Im wissenschaftlichen Diskurs etwa mag die Frage nach der Vergleichbarkeit des Holocaust seit längerem legitim sein; doch der Öffentlichkeit vertraut man in dieser Hinsicht nicht oder läßt, dabei ein wenig zynisch, Stellvertreter diskutieren. Dabei wird eines oft verwechselt: Vergleichen ist nicht dasselbe wie gleichsetzen. Ein Verbrechen, das Verbrechen des Holocaust, ist einzigartig – was den Umgang der Deutschen mit auch möglichen, andersgelagerten Fragen, die sich daraus ergeben, vorsichtig machen muß, aber nicht unmöglich.

Die Debatte ist nötig, gerade weil sie so schwierig ist, und selbst wenn sie nur das Fazit ziehen sollte: Nichts normalisiert sich, nichts ist normal.

Norman G. Finkelstein

Geschäft mit dem Leid?

Die Holocaust-Industrie

DER HOLOCAUST*, lautet die Hauptthese meines
Buches, ist zu einer Industrie geworden. Jüdische Eliten
beuten, im Einvernehmen mit der amerikanischen
Regierung, das entsetzliche Leiden der Millionen von
Juden aus, die während des Zweiten Weltkrieges umgebracht wurden, ebenso wie das der wenigen, die es
schafften, zu überleben – aus Macht- und Profitgründen. Man kann durchaus der Meinung sein, daß die
Holocaust-Industrie durch ihre skrupellose Ausbeutung
jüdischen Leidens den Antisemitismus inzwischen fördert und der Leugnung des Holocaust zuträglich ist.

Zunächst untersuche ich die Entstehungsgeschichte
der Holocaust-Industrie. Erpicht auf Anerkennung der
amerikanischen Regierung, die sich mit einem gerade
entnazifizierten Westdeutschland verbündete, verbann-
ten die amerikanisch-jüdischen Meinungsführer in den

---

* In Finkelsteins Buch steht der Begriff *Massenvernichtung
der Juden durch die Nazis* für den eigentlichen historischen
Vorgang, DER HOLOCAUST (im Original: The Holocaust)
dagegen für dessen von Ideologie geprägte Darstellung
(Anm. d. Hg.).

Nachkriegsjahren DEN HOLOCAUST aus dem öffentlichen Diskurs. Nach dem Junikrieg 1967 wurde Israel zu einem wichtigen Verbündeten der USA. Jüdische Eliten, die sich bis dahin – aus Furcht vor dem Schreckgespenst der »doppelten Loyalität« – vorsichtig gegenüber Israel verhalten hatten, wurden nun zu glühenden Unterstützern des jüdischen Staates: Denn jetzt waren es Juden, die an vorderster Front die amerikanischen Interessen gegen die rückständige Dritte Welt und die arabischen Horden verteidigten. Folglich erleichterte die Unterstützung Israels die Assimilation der Juden in den USA. Als natürliche Vermittler zwischen der US-Regierung und ihrem »strategischen Trumpf« im Nahen Osten konnten jüdische Eliten nun auch in die innersten Machtzirkel der USA eindringen. Um Kritik abzuwehren, »erinnerten« sich die amerikanisch-jüdischen Eliten an den Holocaust der Nazis; er wurde, ideologisch neu besetzt, zu einer machtvollen Waffe.

Im zweiten Teil hinterfrage ich kritisch die zentralen Dogmen der Holocaust-Industrie: DER HOLOCAUST bezeichne, erstens, ein kategorisch einzigartiges Ereignis; DER HOLOCAUST markiere, zweitens, den Höhepunkt des irrationalen, ewigen Judenhasses der Nichtjuden. Hauptverfechter des »Einzigartigkeits«-Dogmas ist Elie Wiesel. Der Holocaust, so Wiesel, »führt in die Dunkelheit«, »widersetzt sich der Erkenntnis wie der Beschreibung«. Solche Formulierungen tragen eher zur Verwirrung als zur Aufklärung bei. Obwohl die Doktrin der »Einzigartigkeit« intellektuell lähmend und moralisch diskreditierend wirkt (das Leiden nichtjüdischer Opfer ist mit dem der Juden »unvergleichbar«), behauptet sie sich, weil sie politisch nützlich ist. Einzigartiges Leiden verleiht einzigartigen Anspruch.

Schließlich lautete die Folgerung aus dem Holocaust-Dogma vom »ewigen Haß der Nichtjuden«, daß die Juden während des Zweiten Weltkrieges ausgelöscht wurden, weil alle Nichtjuden, ob als Täter oder als Kollaborateure, ihren Tod wollten. Der Versuch Daniel Jonah Goldhagens, in *Hitlers willige Vollstrecker* eine Variante dieses Dogmas zu beweisen, war wissenschaftlich wertlos. Doch ebenso wie das Dogma von der »Einzigartigkeit« hat sich das zweite Dogma als politisch nützlich erwiesen. Die Kritik an Israel erklärte die amerikanische Schriftstellerin Cynthia Ozick bequem: »Die Welt will die Juden ausrotten … die Welt hat die Juden immer schon ausrotten wollen.« Dieses Dogma ist denn auch ein absoluter Freibrief: Da Nichtjuden stets bereit sind, Juden zu morden, dürfen Juden sich schützen, wie auch immer sie es für richtig halten. Der angesehene israelische Wissenschaftler Boas Evron mißbilligt diese »Holocaust-Lektion« des ewigen Hasses der Nichtjuden; er bemerkt dazu, »in der Tat läuft sie auf die absichtliche Erzeugung von Paranoia hinaus … Eine solche Mentalität … duldet bereits im voraus jede unmenschliche Behandlung von Nichtjuden; denn nach der vorherrschenden Mythologie gilt, dass ›ein jeder bei der Vernichtung des Judentums mit den Nazis kollaborierte‹; und daher ist Juden in ihrem Verhältnis zu anderen Völkern alles erlaubt.«

Das Holocaust-Dogma hat sich auf die Wissenschaft sehr schädlich ausgewirkt. Ein Beispiel ist Guenter Lewys neues Buch *The Nazi Persecution of the Gypsies,*

das der Holocaust-Historiker Saul Friedländer für sein
»großes Mitgefühl« gerühmt hat. Seine zentrale These:
Zigeuner hätten während des Zweiten Weltkriegs nicht
so gelitten wie die Juden – sie hätten nicht einmal einen
Genozid erlitten. Lewy argumentiert folgendermaßen:
Zwar wurden die Zigeuner von den Einsatzgruppen
ebenso brutal niedergemetzelt wie die Juden – aber
nur, weil man sie der Spionage verdächtigte; Zigeuner
wurden nach Auschwitz deportiert wie die Juden –
aber nur, »um sie loszuwerden, nicht, um sie umzubringen«; Zigeuner wurden in Chelmno vergast wie die
Juden – aber nur, weil sie an Typhus erkrankt waren;
die meisten der überlebenden Zigeuner wurden sterili-
siert wie die Juden – aber nicht, um sie an der Fortpflan-
zung zu hindern, sondern nur, um die »Verunreinigung
des ›deutschen Blutes‹ zu verhindern«. Man kann sich
die öffentliche und wissenschaftliche Reaktion leicht
ausmalen, wenn in Lewys Buch Zigeuner durch Juden
ersetzt würden.

Zuletzt untersuche ich die Frage der materiellen Entschädigung. Die Holocaust-Industrie, behaupte ich, hat
sich eines »doppelten Abkassierens« schuldig gemacht:
Von europäischen Regierungen eignet sie sich ebenso
widerrechtlich Geld an wie von den tatsächlichen Überlebenden der Nazi-Verfolgung. Sogar in den offiziellen
Annalen der Jewish Claims Conference (JCC) wird ein-
geräumt, daß die JCC Zahlungen nicht bestimmungsge-
mäß verwandt habe, welche die deutsche Regierung
ursprünglich für Holocaust-Opfer vorgesehen hatte.
Während der kürzlichen Zwangsarbeiter-Verhandlun-
gen legte die JCC weit überhöhte Zahlen von noch

lebenden jüdischen Zwangsarbeitern vor. So forciert sie eine radikale Revision unserer Auffassung vom Holocaust: Die Zahl der Überlebenden zu erhöhen heißt, die Zahl der Opfer zu verringern. Die Zahlen, mit denen die JCC arbeitet, rücken sie ungemütlich nah an die Argumentation der Holocaust-Leugner. »Wenn jeder, der behauptet, ein Überlebender zu sein, wirklich einer ist«, pflegte meine Mutter, selbst Überlebende eines Konzentrationslagers, zu sagen, »wen hat Hitler dann eigentlich umgebracht?«

Fast alle Anschuldigungen, die die Holocaust-Industrie gegen die Schweizer Banken erhob, waren entweder falsch oder extrem heuchlerisch. Der abschließende Bericht der Volcker-Kommission stellte fest, daß die Schweizer Banken nach dem Krieg den Holocaust-Opfern oder deren Erben den Zugriff auf ihre Konten weder systematisch verweigerten noch Bankunterlagen systematisch vernichteten, um ihre Spuren zu verwischen. Der wichtigste Befund meines Buches lautet: Vor und während des Zweiten Weltkrieges waren die USA, neben der Schweiz, eine bevorzugte Anlaufstelle für übertragbare jüdische Vermögenswerte. Die naheliegende Frage ist: Was geschah mit den ruhenden Holocaust-Konten bei amerikanischen Banken? Während der Anhörungen zu den Schweizer Banken vor dem amerikanischen Kongreß wurde Seymour Rubin von der American University als Gutachter vorgeladen. Rubin kam zu dem Schluß, daß die US-Banken unter dem Strich schlechter dastünden als die Schweizer Banken: »Die USA unternahmen nur sehr begrenzte Schritte, um erbenlose Vermögenswerte in den USA zu identifizieren, und stellten … lediglich eine halbe Million Dollar zur Verfügung, gegenüber den 32 Millionen Dollar, die die Schweizer Banken schon vor der Volcker-Untersuchung zuerkannt hatten.« Die *New York Times* widmete eine ganze Seite ihrer Rezensionsbeilage einer persönlichen Abrechnung mit mir; die gerade erwähnte bemerkenswerte – und vernichtende – Enthüllung erwähnte sie mit keinem Wort. Noch ehe die Volcker-Kommission ihre Arbeit beendet hatte, verlangte die Holocaust-Industrie eine endgültige Einigung mit den Schweizer Bankiers; denn »täglich sterben bedürftige Holocaust-Opfer«. Doch als die Schweizer im August 1998 einer Regelung in Höhe von 1,25 Milliarden Dollar zugestimmt hatten, war es mit der Eile plötzlich vorbei. Seither sind zwei Jahre vergangen – aber noch ist kein einziger Cent der Schweizer Zahlungen an die eigentlichen Kläger verteilt worden.

Die Holocaust-Industrie hat das Martyrium des jüdischen Volkes in seinem moralischen Rang herabgesetzt. Schon deshalb verdient sie öffentlichen Tadel. Viele Deutsche fürchten, mein Buch könnte den Antisemitismus schüren. ich verstehe und teile diese Sorge; es wäre naiv, diese Gefahr zu leugnen. Aber moralisches Handeln ist niemals pur: Es gibt immer unbeabsichtigte oder unliebsame Rückwirkungen. Um zu entscheiden, ob man den Weg weitergehen will, muß man sein Urteilsvermögen entscheiden lassen – hoffentlich ein gutes, wenigstens aber ein gutwilliges Urteilsvermögen. In erster Linie sind es die skrupellosen und rücksichtslosen Taktiken der Holocaust-Industrie, die den Antisemitismus fördern. Während der Verhandlungen über die

Entschädigung von Zwangsarbeitern traf ich mich privat mit einem Mitglied der deutschen Delegation, einem Mann mit untadeligen moralischen Referenzen. Einige Stunden lang verteidigte er die Claims Conference ebenso vehement, wie ich sie anprangerte. Doch beim Abschied drehte er sich noch einmal um und sagte: »Ich will ehrlich sein. Auf unserer Seite haben wir alle das Gefühl, daß wir erpreßt werden.« Ich vermute, viele anständige Deutsche werden dem privat zustimmen – leider aus gutem Grund. Vermutlich teilen viele anständige Schweizer privat diese Meinung. Und es ist nicht schwer zu erraten, was Osteuropäer denken, wenn die Holocaust-Industrie, die zu Unrecht den Grundbesitz ermordeter Juden für sich einfordert, dort auf ein beschleunigtes Tempo der Zwangsräumungen dringt. Während übrigens jüdische Organisationen in den USA zu einem weltweiten Boykott der österreichischen Regierung aufgerufen haben, trat Stuart Eizenstat, stellvertretender Finanzminister der USA und Chefdiplomat der Holocaust-Industrie, in Wiedergutmachungsverhandlungen mit dieser Regierung ein – und rühmte sie dann, »weil sie vormachte, nicht nur für Österreich, sondern auch für das übrige Europa und die Welt, wie man sich mit seiner Vergangenheit versöhnen und Wunden noch nach vielen Jahrzehnten heilen kann«. Zweck meines Buches ist es, die längst überfällige, offene Debatte zu erleichtern. Durch »political correctness« zum Schweigen gebracht, wird die Unzufriedenheit weiter gären. Um ein Wiederaufleben des Antisemitismus zu verhindern, müssen die Holocaust-Profiteure öffentlich bloßgestellt werden.

Ich bin zutiefst überzeugt, daß der Nazi-Holocaust erforscht werden muß. Doch können wir etwas Substanzielles erst dann und nur dann lernen, wenn die Holocaust-Industrie stillgelegt wird. Eine sinnvolle historische Forschung zwingt dazu, Vergleiche anzustellen. Und welche wichtige moralische Lehre kann überhaupt aus einem Dogma gezogen werden, welches den nationalsozialistischen Holocaust auf einen manichäischen Kampf zwischen Nichtjuden und Juden reduziert? Der Holocaust-Dogmatismus verhindert, die entscheidenden individuellen und historischen Dimensionen des Nationalsozialismus zu verstehen. In *The Holocaust Industry* versuche ich, das Vermächtnis meiner Eltern aufzuzeigen. Ihre wichtigste Lehre für mich war, daß man immer vergleichen müsse. Moralische Unterscheidungen zwischen »unserem« Leiden und »ihrem« Leiden sind selbst ein Hohn auf die Moral. »Du sollst nicht vergleichen« ist das Mantra moralischer Erpresser.

Quelle: Süddeutsche Zeitung, 11. August 2000
Deutsch von Irene Adler

Rafael Seligmann

Wird der Holocaust vermarktet?

»Die Abnormalität des Nazi-Holocausts rührt nicht von diesem Ereignis, sondern von der Ausbeutungs-Industrie, die darum herum entstanden ist.« Eine Parole aus einer Neonazi-Postille? Keineswegs. Der Satz steht in Norman Finkelsteins soeben in Amerika und Großbritannien publiziertem Buch *The Holocaust Industry. Reflections on Exploitation of Jewish Suffering.*

In den angelsächsischen Ländern, vor allem in den USA, hat das Buch eine heftige Kontroverse ausgelöst. Darf man solches schreiben? Als Jude zumal? Oder wird umgekehrt ein Schuh daraus? Besitzt man alleine als Jude die notwendige Narrenfreiheit, um sich derartige Provokationen ungestraft zu erlauben, ohne sich dem Verdacht des Antisemitismus auszusetzen? Ist der amerikanische Politologe Norman Finkelstein ein Agent provocateur des Antisemitismus, ein Gaukler oder ein notwendiger Aufklärer?

Sehen wir uns die Kernthesen des Autors an. Norman Finkelstein behauptet, daß nur etwa 60 000 Juden die Konzentrations- und Todeslager überlebt hätten, von denen wiederum 20 000 in den Monaten nach ihrer Befreiung durch die Alliierten an den Folgen ihrer Haft starben. Die von jüdischen Verbänden, vor allem der Jewish Claims Conference (JCC) gemachten Angaben, heute würden noch etwa 135 000 jüdische Überlebende der Shoah existieren, nennt Finkelstein eine gezielte Unwahrheit. Zweck dieser Behauptungen sei es, Deutschland zu höheren Entschädigungszahlungen zu nötigen.

Tatsächlich, so der Autor, lebten heute nur noch circa 18 000 Juden, die den Holocaust überstanden haben. Daher sei auch die Behauptung, monatlich würden 10 000 Überlebende sterben, Unsinn.

Besonderes Augenmerk richtet Finkelstein auf jüdische Interessengruppen sowie die Beziehungen zwischen den Vereinigten Staaten und Israel. Finkelstein: »Die jüdisch-amerikanischen Eliten ›vergaßen‹ den Holocaust, weil Deutschland – West-Deutschland ab 1949 – zu einem entscheidenden Verbündeten der Amerikaner gegen die Sowjetunion wurde.« Die jüdischen Organisationen hätten die offizielle Washingtoner Politik übernommen: »Erinnerungen an den Holocaust wurden als kommunistisches Anliegen abgestempelt.«

Jüdische Funktionäre hätten nach dem israelisch-arabischen Krieg von 1967 damit angefangen, ein jüdisches Holocaust-Bewußtsein zu schaffen. Und zwar nicht auf Grund jüdischer Sentimentalitäten, sondern weil sich der hebräische Staat im Sechs-Tage-Krieg als führende Macht der Region etabliert hatte: »Es war nicht Israels vermeintliche Schwäche und Isolation, nicht die Angst vor einem ›zweiten Holocaust‹«, so Finkelstein, »sondern eher Israels bewiesene Stärke und seine strategische Allianz mit den Vereinigten Staaten, die die jüdische Elite (Amerikas) dazu brachte, in der Holocaust-Industrie nach Juni 1967 einen höheren Gang einzulegen.«

Als weiterer Grund der Solidarität des organisierten US-Judentums mit Israel sieht der Politologe ein schlechtes Gewissen, da die amerikanischen Juden ebenso wie die Zionisten im damaligen Palästina während der Shoah zum Treiben der Nazis geschwiegen hätten.

Die Vertretung der Interessen der Holocaust-Opfer ist nach Finkelstein heute ein lukratives Geschäft. Jüdische Organisationen, vor allem die Claims Conference, jüdische Opferanwälte und prominente Juden wie Elie Wiesel, Simon Wiesenthal oder der frühere Staatssekretär im State Department, Lawrence Eagleburger, würden gut am Holocaust verdienen. Besonders erbost zeigt sich Finkelstein über Elie Wiesel. Der sei ein schlechter Schriftsteller und ein Heuchler obendrein. Wiesel nennt die Shoah unbeschreibbar. Doch gegen Honorare von mindestens 25 000 Dollar (plus Fahrer) sei der Nobelpreisträger für Vorträge zu haben. Finkelsteins Mutter, eine Überlebende der Shoah, habe lediglich eine Entschädigung von 3500 Dollar erhalten. Dagegen hätte der langjährige Direktor der Claims Conference, Saul Kagan, ein jährliches Gehalt von 105 000 Dollar eingestrichen.

Die Opferidentität der Juden ist Finkelstein ein besonderer Dorn im Auge. Er belegt dies mit zahlreichen Beispielen. So würden immer mehr amerikanische Juden, die nie unter der Shoah gelitten hätten, sich heute, wo dies chic sei, als Verfolgte gerieren.

In Amerika seien die Juden nicht Opfer, sondern eine privilegierte Gemeinschaft. Finkelstein: »Das jüdische Pro-Kopf-Einkommen ist fast doppelt so hoch wie das der Nichtjuden; 16 der 40 reichsten amerikanischen Familien sind Juden, 40 Prozent der amerikanischen Nobelpreisträger in Naturwissenschaften und Ökonomie sind Juden, ebenso wie 20 Prozent der Professoren an den wichtigsten Universitäten und 40 Prozent der Partner in führenden Rechtsanwaltskanzleien New Yorks und Washingtons.«

Finkelstein ist überzeugt, daß jüdische Identität in Amerika heute »kein Hindernis auf dem Weg zum Erfolg darstellt«. Im Gegenteil. Die Hebräer Amerikas setzten ihre Identität zynisch ein. Als der Zionismus nicht gut angesehen war, verschwiegen sie ihr Judentum. Heute, wo es populär sei, prahlten sie damit.

Der Politologe Finkelstein übt sich auch in der historischen Einordnung der Schoah. Der Holocaust an Juden sei kein einmaliges Ereignis der Weltgeschichte gewesen, urteilt der Autor. Zuvor und danach hätten sich Völkermorde ereignet. Die Betonung der Singularität des Genozids an den Juden diene lediglich dazu, jüdischen Verbänden eine herausragende politische und ökonomische Position zu verschaffen.

Norman Finkelstein setzt das etablierte Judentum, vor allem jenes der Vereinigten Staaten, einem Trommelfeuer von Vorwürfen aus. Die Kritik ist wichtig. Sie kann nützlich sein, eingefahrene Denkmuster zu hinterfragen.

Neu ist Norman Finkelsteins Kritik jedoch keineswegs. Bereits seit den sechziger Jahren mißbilligen amerikanische und israelische Intellektuelle die Fixierung vieler Juden auf den Holocaust. Der amerikanische Politologe Michael Brecher warnte bereits Ende der 60er Jahre vor dem sogenannten »Holocaust-Komplex«, der Dominanz jüdischen Bewußtseins als Folge der Shoah.

Die Ermordung eines Drittels der jüdischen Bevölkerung hat bei den meisten Juden – es gibt kaum eine europäisch-stämmige jüdische Familie, und die meisten US-Juden sind aus Europa eingewandert, ohne Opfer – bleibende Ängste hinterlassen. Auch Norman Finkelstein ist nicht frei von ihnen.

Die tiefere Ursache für die Holocaust-Identität entspringt nicht, wie Finkelstein suggeriert, einer gezielten Verschwörung. Die zunehmende Bedeutung der Schoah für Teile des heutigen Judentums rührt aus einem allgemeinen Phänomen der westlichen Gesellschaft. Immer mehr Menschen verlieren ihren Glauben, Christen und Juden gleichermaßen. Das Judentum, insbesondere jenes in der Diaspora, fußt jedoch in weit stärkerem Maße als etwa das Christentum auf dem überlieferten Glauben. Der Ursprung des Judentums sind der hebräische Glaube und das Gesetz. Geht die Religion verloren, verliert das Judentum seine Wurzeln.

Was bleibt vom Judentum ohne jüdischen Glauben? Ohne Kenntnisse der jüdischen Geschichte und Kultur? Die Fixierung auf den Holocaust ist eine psychologisch motivierte Ersatzhandlung. Die Identifizierung mit dem Holocaust ist eine letzte Klammer. Ein Versuch, mit dem Judentum in Verbindung zu bleiben, dessen Ursprünge man nicht mehr kennt. Hier ergeht es Finkel-

stein nicht anders als den von ihm kritisierten Schoah-
fixierten Juden. Die einen klammern, Finkelstein kritisiert. Beide sind im gleichen Phänomen gefangen. Ohne
Glauben bleibt ihr Judentum inhaltsleer. Der Schöpfer
ihres »modernen« Judentums ist nicht länger Gott, sondern der Antisemit.

Die Erklärung des Antisemitismus durch Finkelstein
ist der einzig unredliche und ignorante Teil seines
ansonsten anregend polemischen Buches. Der Politologe will glauben machen, die Machtpolitik einzelner
jüdischer Verbände, die Erfolge einzelner Juden oder
ihre Arroganz würden Antisemitismus hervorrufen.
Damit beweist Finkelstein, daß er das Wesen des Antijudaismus nicht begriffen hat oder zumindest so tut.
Judenfeindschaft hat wenig bis gar nichts mit dem Verhalten der Juden, aber sehr viel mit dem Zustand einer
Gesellschaft zu tun. Antisemitismus ist die Krankheit
einer Gesellschaft, nicht die des Judentums.

»Antisemitismus ist der Sozialismus der dummen
Kerls«, so Liebknecht. Jener Kerle, die unfähig und
unwillens sind, individuell zu urteilen, und stattdessen
kollektive Feindbilder pflegen. Es gibt häßliche und
habgierige Juden ebenso wie Deutsche, Schwarze, Araber und Israelis. Die gewöhnlichen Amerikaner nehmen
die Erfolge vieler Juden als Ansporn, nicht als Anlaß
zum Haß.

Norman Finkelstein spießt reale und vermeintliche
Mißstände auf. Dies macht seine Polemik fruchtbar.
Der Philosoph Karl Popper führte mit seiner »Logik
der Forschung« die Wissenschaft von der dümmlichen
Besserwisserei zur kritischen Falsifizierung. Statt Her-

gebrachtes zu bestätigen, geht es nun darum, scheinbar Unumstößliches zu analysieren. Finkelsteins Kritik soll als Katalysator dienen, Tabus zu hinterfragen. Das bedeutet, daß Finkelsteins Thesen ebenfalls zu untersuchen sind. Dabei stellen sich allzu oft Kurzschlüsse und Schnellschüsse heraus.

Finkelsteins Angaben über die Zahl der KZ-Überlebenden beruhen auf eigenen Schätzungen. Sie entsprechen nicht den Tatsachen. Allein in deutschen Lagern für »displaced persons« lebten amerikanischen und deutschen Stellen zufolge nach der Befreiung mehr als 300 000 Juden. Weitere Gerettete fanden Unterschlupf in Österreich, Italien, in Osteuropa, andere wanderten nach Palästina und in die Vereinigten Staaten aus. Nach Angaben offizieller deutscher und israelischer offizieller Stellen leben heute noch mehr als 100 000 Sklavenarbeiter und KZ-Überlebende.

Die relative Tatenlosigkeit der amerikanischen Juden und der Zionisten angesichts des Holocaust ist nur die halbe Wahrheit. Die US-Juden wandten sich frühzeitig an ihre Regierung und baten um eine Intervention zugunsten der europäischen Juden, die vom Holocaust bedroht waren. Der soeben verstorbene polnische Kurier Jan Karski erstattete Präsident Roosevelt bereits 1942 einen exakten Bericht über den Völkermord. Jüdische Organisationen und Einzelpersonen baten die US-Regierung, zumindest die Wege nach Auschwitz zu bombardieren. Ohne Erfolg.

In Palästina lebten zur Zeit der Shoah gerade eine Viertelmillion Juden. Es gab Aktionen der Zionisten zugunsten der vom Völkermord bedrohten europäischen Juden. Doch die Kräfte der Zionisten waren begrenzt, und sie taten zu wenig. Diese Versäumnisse hat der israelische Historiker Tom Segev in seinem Buch »Die siebte Million« exakt herausgearbeitet. Finkelstein bedient sich seiner Forschungsergebnisse.

Die amerikanischen Juden hatten seit der Gründung Israels eine starke Affinität zu diesem Staat. Die eindringliche Intervention amerikanischer Juden, unter ihnen Louis Brandeis und Albert Einstein, überzeugte Präsident Truman davon, Israel als erster Staat anzuerkennen.

Israel war am Vorabend des Sechs-Tage-Krieges von 1967 in seiner Existenz bedroht. Daher standen die Menschen in den westlichen Demokratien, nicht nur die Juden in Amerika, sondern auch die Christen dort wie in Europa, besonders in Deutschland, hinter dem jüdischen Staat. Axel Springer und Rudolf Augstein eilten damals voller Sorge nach Zion.

Israel bleibt strategisch und politisch gefährdet. Im Oktoberkrieg von 1973 ließ US-Außenminister Kissinger Jerusalem zunächst schmoren, um es gefügiger für Friedensgespräche zu machen. Kissinger ist Jude. Umgekehrt unterstützte Washington im Golfkrieg von 1991 Israel massiv mit Abwehrwaffen gegen irakische Raketen.

Über die literarischen Qualitäten von Elie Wiesel läßt sich streiten. Jeder Schriftsteller und Publizist, einerlei, ob Jud', Christ, oder Muselmann, versucht möglichst hohe Honorare zu erzielen. Finkelstein bildet hier gewiß keine Ausnahme.

Die Claims Conference ist ein etablierter Verband.

Um in Amerika als Lobby seine Interessen durchzusetzen, ist ein zielgerichtetes Vorgehen notwendig. Wie jede Organisation, die lange Jahre erfolgreich gearbeitet hat, hat sich bei ihr auch Selbstherrlichkeit eingeschlichen. Die deutsche Wirtschaft hat, von einzelnen Unternehmen wie VW abgesehen, nicht auf die Appelle zur Entschädigung von Zwangsarbeitern, die meist keine Juden waren, reagiert. Erst massiver Druck hat zu einer Einigung geführt. Dies alles ist dem Autor bekannt. Er sollte es auch seine Leser wissen lassen.

Norman Finkelstein hat ein aufgeregtes und anregendes Buch geschrieben. Ihn in die Nähe sogenannter Geschichtsrevisionisten wie David Irving zu stellen, die den Holocaust zu minimieren suchen, ist falsch. Auch mit dem Ansatz des deutschen Historikers Ernst Nolte, der die Shoah als Angstreaktion Hitlers auf den Bolschewismus verstehen will, hat Finkelstein nichts gemein.

Finkelstein ist Agent provocateur, Gaukler und Aufklärer zugleich. Sein Buch ist verletzend. Er selbst ist verletzlich. Es wäre falsch, seine Kritik als destruktive Polemik abzutun. Sie ist anregend. Vor allem aber notwendig wie ein Reinigungsmittel.

Quelle: Welt am Sonntag Nr. 30, 23. Juli 2000

Lorenz Jäger

Das Leid, der Kitsch und das Geld

Norman G. Finkelsteins Angriff auf die
»Holocaust-Industrie«: Kam die Wieder-
gutmachung den Überlebenden zugute?

Es ist schon einige Jahre her, daß ein Mann, der sich mit
der Geschichte der deutschen Juden beschäftigte, von
einer Galerie zu einem Arbeitsgespräch eingeladen
wurde. Man plante die Installation einer britischen
Künstlerin: In einem nur wenig erleuchteten Raum sollten Glasröhren aufgebaut werden, durch die der Sand
rieseln würde. Ob das Werk tatsächlich den Titel »Holocaust« tragen oder nur deutlich darauf anspielen sollte,
ist nicht mehr festzustellen. Jedenfalls glaubte unser
Mann nach der Projektbeschreibung erstmals sein
Unbehagen an der Aufklärung über ein Thema bemer-
ken zu können, der er bisher seine Teilnahme nie versagt hatte. Kurz darauf erreichte ihn ein Buch mit päd-
agogischen Anleitungen für den geplanten Holocaust-
Unterricht in Kindergärten. Das Vorwort stammte von
der Hamburger Bischöfin Maria Jepsen, einer ehren-
werten Frau.

Jeder, der den Kulturbetrieb kennt, hat in den letzten
Jahren ähnliche Erfahrungen machen können: Die
Entrechtung, Vertreibung, Versklavung und Ermordung
der europäischen Juden wurde zur Grundlage einer
pseudoreligiösen Rhetorik, ja für manche zum eigenen

Erwerbszweig. Irgendwann kam in den Vereinigten Staaten der böse Satz auf: »There is no business like Shoah-business.« Kein Geschäft ist so gut wie das mit dem moralischen Kapital des guten Gewissens.

Von einer »Holocaust-Industrie« und der Ausbeutung jüdischen Leidens spricht das neue Buch von Norman G. Finkelstein (*The Holocaust Industry. Reflections on the Exploitation of Jewish Suffering.* Verso Books, London und New York 2000). Es geht über den vagen Unmut, den man in Deutschland zuweilen verspüren mochte, weit hinaus. Wäre Finkelstein in der Galerie gewesen, er hätte vermutlich nach dem Preis des Holocaust-Kunstwerks gefragt. Sein Buch spricht eine klare Sprache, nennt Namen und hat die Wirkung der großen Polemik. »Beifall von der falschen Seite« – diese Vorhaltung, mit der man auch zur Zeit des Kommunismus jeden Einwand ruhigstellen wollte – schreckt ihn nicht. Finkelsteins Argumente sind nicht die der rechtsradikalen Leugner. Während seine Eltern die Vernichtungslager überlebten, kehrten große Teile der Familie nicht mehr zurück.

Finkelstein ist ein jüdischer Dissident, wie Hannah Arendt zu ihrer Zeit. Eine ideologische Darstellung der Naziverbrechen: Das ist, so Finkelstein, die Hauptsünde der Holocaust-Industrie. Er will zu den robusten politischen Kategorien zurück, die einst die Linke und die Dissidenten auszeichneten: Er spricht von Geschichte, Macht und Interessen, nicht von Erinnerung. Und Ideologie bedeutet für ihn nicht nur eine ästhetisch mißglückte Darstellung – auch wenn ihm gerade hier, an den unsäglichen Sätzen des gefeierten Elie Wiesel über die »Majestät« des Holocaust, die überzeugendste Kritik gelingt –, sondern Ideologie heißt klipp und klar: Der Kitsch ist eine Waffe im politischen und wirtschaftlichen Kampf. Hier gewinnt das Buch seine eigentliche Brisanz.

Der erste Teil seiner Polemik untersucht die Entstehung des neueren Bildes, Finkelstein datiert sie auf den Sechs-Tage-Krieg von 1967. Vorher war die Botschaft des Holocaust universalistisch interpretiert worden. Aber als nun Shimon Peres immer noch von den »beiden Holocausts« des zwanzigsten Jahrhunderts sprach – Auschwitz und Hiroshima –, wurde diese Äußerung von Elie Wiesel zurückgewiesen. Eine neue Linie setzte sich durch: die These vom unvergleichlichen, historisch einmaligen Charakter der NS-Verbrechen. Nun ist das schon logisch ein Problem, denn die Behauptung der Unvergleichbarkeit setzt voraus, daß man bereits verglichen hat. Der Gewinn aber war eine privilegierte Position im Kampf um die Anerkennung des Leids, der die amerikanische Gesellschaft durchzieht: Dem Armenier-Genozid durch die Türken wurde ein eigener Gedenktag versagt; das National Holocaust Memorial Museum in Washington zögerte, auch das Leiden der Zigeuner oder die Euthanasie-Aktionen zu erwähnen, deren Opfer Deutsche waren. In jedem Konflikt, in dem individuelle Juden oder jüdische Organisationen standen, konnte der Antisemitismus-Verdacht mobilisiert werden.

Der Sprengsatz steckt im dritten Teil, der sich nicht scheut, vom Geld zu reden und von den Kampagnen der vergangenen Jahre. Finkelstein wirft den amerikani-

schen Organisationen zwei Dinge vor: Sie legten ihren
Forderungen zu hohe Zahlen der überlebenden Opfer
zugrunde, und zweitens: Sie hätten große Teile der deutschen Wiedergutmachungszahlungen, die seit Beginn
der fünfziger Jahre geleistet wurden, für andere Zwecke
des jüdischen Aufbaus verwendet. Nur etwa fünfzehn
Prozent der Gesamtleistungen seien jüdischen Opfern
der nationalsozialistischen Verfolgung zugute gekommen. Die Jewish Claims Conference steht nun, nicht
zum ersten Mal übrigens, unter Druck. Der Streit, den
etwa Gabriele Hammerstein mit der Organisation aus-
fechten mußte, um an das Erbe ihrer vertriebenen Eltern
zu gelangen, machte schon vor zwei Jahren Schlagzeilen. Zugegeben: Finkelstein vermengt Wichtiges mit
Unwichtigem (welcher Anwalt hat welches Honorar
erhalten), er ist, wie die »Neuen Historiker« in Israel,
skeptisch gegenüber den zionistischen Gründungsmy-
then und sieht nicht immer die realpolitischen Zwänge,
in denen jeder Staat, eben auch Israel, sich befindet.
Aber Polemik entsteht nicht in der Ruhe der Gelehrsam-
keit, sie muß die Dinge zuspitzen. Dafür ist es, als
würde plötzlich ein Fenster geöffnet.

Quelle: Frankfurter Allgemeine Zeitung, 14. August 2000

Charles Maier

Das Spiel finsterer Mächte?

Norman Finkelsteins »Thesen« sind eine die Debatte aufheizende, verantwortungslose Antwort auf wichtige, aber schlecht formulierte Fragen. Die entscheidende Frage ist doch: In welchem Umfang und wie lange läßt die Verantwortung einer Nation für die in ihrem Namen begangenen Greuel die Forderung nach Wiedergutmachung zu? Die bequeme, aber unwürdige Antwort, die man aus Finkelsteins Thesen herauslesen wird, lautet: »Jetzt reicht es«.

Angeblich haben nurmehr politisch korrekte Linksintellektuelle – in Deutschland etwa Jürgen Habermas – oder eine jüdische Elite, die laut Finkelstein auf »Macht und Profit« aus ist, ein Interesse daran, die Fixierung auf den Holocaust zu verlängern. Tatsächlich aber geht es um sehr Ernstes, nicht anders als in der Walser-Bubis-Debatte, als eine Kontroverse, die äußerste Sensibilität erfordert hätte, rasch in gegenseitige Unterstellungen der Böswilligkeit ausartete. Kann es keine Debatte über Wiedergutmachung und Verantwortung geben, ohne daß der Vorwurf der moralischen Erpressung, der geistigen Brandstiftung oder der Machenschaften einer angeblichen »Holocaust-Obsession«, die von den Zahlungen an die Überlebenden zehre, erhoben wird?

Natürlich kämpft jede Wiedergutmachung mit dem Widerspruch, daß sie für ein begangenes Böses entschädigen soll, das nicht mehr rückgängig zu machen ist. Mehr als eine begrenzte Entschädigung für die Nachwirkungen früherer Ungerechtigkeit ist nicht zu leisten. Doch wieviel Entschädigung ist genug? So unangemessen es ist, das Leid in Geld auszudrücken, so unvermeidlich zugleich ist der Geldanspruch. Irgendwann muß es eine Verhandlungslösung geben, welche diejenigen, die ihre – sei's auch indirekte und ferne – historische Verantwortung akzeptieren, mit jenen zusammenbringt, die eine Geldzahlung akzeptieren: um ihr Leben weiterzuleben. Auch wenn am Ende ein Preis bemessen wird für unermeßliche Verluste, setzt die Wiedergutmachung einen Rahmen für eine zwar nicht spirituelle, aber doch politische Aussöhnung und damit für künftiges Zusammenleben.

Zwangsläufig erscheinen solche Verhandlungen als schmutzig; so war es 1951/52, als die Regierung Adenauer mit dem Jüdischen Weltkongreß verhandelte, und so war es 1999, als man die Ansprüche von Zwangsarbeitern auf die Tagesordnung setzte. Ich war an einer Debatte in Washington beteiligt, bei der Vertreter jüdischer Kläger – ohnedies nur ein kleiner Teil der Zwangsarbeiter und Opfer, um die es bei der jüngsten deutschen Initiative ging – den Sprecher der deutschen Industrie wegen seines völlig indiskutablen Angebots beschimpften, während dieser umgekehrt die Klägervertreter beschuldigte, Zeit zu schinden ohne Rücksicht auf die betagten Opfer, die keine Chance mehr hätten, die Entschädigung noch zu erleben. Beide Seiten boten ein bestürzendes Bild – und gewiß nicht jenes, das sich Historiker als »vernünftiges« Vorgehen ausmalen. Aber dies entspringt der Logik solcher Verhandlungen – und nicht der angeblichen Begehrlichkeit jüdischer Rechtsanwälte.

So standen dann auch bei den Verhandlungen nicht die jüdischen Forderungen im Wege, sondern die Schwierigkeit, bei den deutschen Industriellen ein Gefühl der fortbestehenden Verantwortung für nur scheinbar vergangene Kapitel ihrer Firmengeschichte zu erzeugen. Hinzu kam die Unmöglichkeit, Rechtssicherheit vor weiteren Sammelklagen in den USA zu erreichen. Auch diese letztere Problematik verdankt sich nicht irgendeiner Holocaust-Industrie, sondern dem Anreiz zum Prozessieren, den das heutige Amerika bietet.

Und was den Vergleich Finkelsteins betrifft, mit dem er die strittigen Schweizer Konten den nicht zurückerstatteten Vermögenswerten jüdischer Opfer in den USA gegenüberstellt: der Hauptgrund dafür, daß die Schweizer Banken öffentliche Verachtung auf sich zogen, lag allein darin, daß sie ein halbes Jahrhundert lang immer neue, offenkundig unzulängliche Schätzungen vorlegten und ständig weitere Vermögenswerte in ihren Büchern oder Kellern entdeckten.

Finkelstein erklärt, er habe das Problem erwogen, daß seine Thesen den Antisemitismus ermutigen könne. Nun, er tut gut daran, besorgt zu sein: Sei es in bezug auf Deutschland, wo (einmal abgesehen von den

Schandtaten der Skinheads und den jüngsten Bomben-
attentaten) viele Menschen nach so ungezählten Debatten über Monumente und Verpflichtungen offensichtlich den Eindruck haben, »jetzt reicht es«; sei es in
bezug auf die USA, wo zwar keine böse Vergangenheit
als Dauervorwurf über den Köpfen schwebt, aber Kritiker noch immer unterstellen können, daß es jüdische
Lobbies gibt, die sich für Israel ins Zeug legen, Hollywood beherrschen und Gedenkstätten für weit zurück-
liegende Ereignisse fordern. Natürlich hat Finkelstein
das Recht, dieses Risiko einzugehen: Die Furcht vor
Konsequenzen rechtfertigt keine Zensur.

Trotzdem haften Autoren – ebenso wie Politiker,
Ärzte oder die Anbieter von Waren und Dienstleistun-
gen – für Fahrlässigkeit. Das heißt: Sie müssen, und sei
es nur von Rezensenten und anderen Autoren, zur
Rechenschaft gezogen werden, wenn sie eine Sprache
gebrauchen, die die Debatte aufheizt und letzten Endes
Vorurteil und Gewalt begünstigt.

Finkelsteins Hauptthese lautet, die sogenannte
»Holocaust-Industrie« verlängere die Leiden der Überlebenden, kontrolliere die Politik der amerikanischen
Regierung, verzerre die Geschichte und führe womöglich zum Wiedererstarken des Antisemitismus. Ich
stimme mit ihm überein, daß die Memorialisierung des
Holocausts in den letzten vierzig Jahren zum zentralen
Thema jüdischer Identitätsbildung in den USA geworden ist, doch haben auch Nichtjuden umfassend an der
Bewältigung der hiermit verbundenen Fragen mitge-
wirkt. So wie Finkelstein den Begriff »Holocaust-Industrie« gebraucht, grenzt es an eine Neuauflage der

»Weisen von Zion«. Der Antisemitismus wurde im 20. Jahrhundert politisch virulent nicht nur durch die Behauptung, Juden seien Wucherer, sie mauschelten, wiesen abstoßende körperliche Stigmata auf und stellten christlichen Frauen nach. Politisch gefährlich wurde er, als er die These einer einheitlichen jüdischen Verschwörung nachschob, die angeblich die Politik, Banken und Medien manipulierte. Denn damit schien eine politische, nicht nur eine gesellschaftliche oder kulturelle Reaktion gefordert.

Was genau hätte man sich unter »Holocaust-Industrie« vorzustellen? Gleicht sie einem Unternehmen mit Management und Belegschaft: Edgar Bronfman als Geschäftsführer, Cynthia Ozick und Elie Wiesel als PR-Agenten, die Antidefamation League als eine Art Moralpolizei? Vermutlich versteht Finkelstein unter »Holocaust-Industrie« bestimmte kulturelle und ökonomische Aktivitäten, etwa so, wie Amerikaner von Unterhaltungs- oder Glücksspiel-Industrie sprechen. Natürlich gibt es Organisationen, die die Sache der Juden vertreten, und ich glaube, daß einige von ihnen Finkelstein wegen seiner Kritik an Israels Politik gegenüber den Palästinensern übertrieben heftig angegriffen haben.

Aus den früheren Konflikten mit Sprechern solcher Organisationen hat sich in Finkelstein das Gefühl entwickelt, ein umkämpfter Dissident zu sein. Die Vorstellung jedoch, daß Repräsentanten der Juden glauben und lehren, alle Christen seien Antisemiten, verdient ausdrückliche Zurückweisung. Finkelstein scheint sich hier auf Goldhagens These vom deutschen Antisemitismus zu stützen. Aber selbst diese These – gegen die ich schwere Bedenken habe – enthält keine Anschuldigung gegen das Christentum. Ich stimme Finkelstein zu, daß der Holocaust keine Geschichte »außerhalb der Geschichte« darstellt, sondern vergleichend und im historischen Kontext untersucht werden muß. Das heißt jedoch nicht, dass er nicht einzigartig sein kann, so wie jedes geschichtliche Ereignis (und das war die Prämisse der deutschen Geschichtswissenschaft im 19. Jahrhundert) einzigartig bleibt.

Auch Völkermorde verdienen seriöse vergleichende Untersuchungen; genau das war die wesentliche theoretische Frage im »Historikerstreit« der 80er Jahre. Doch obschon man Argumente nicht allein wegen der hinter ihnen stehenden Motive verwerfen kann, kommt es sehr wohl auf die Intention des Vergleichs an – ist er wissenschaftlich oder exkulpatorisch angelegt? Ein Vergleich ist exkulpatorisch, wenn er darauf zielt, daß Auschwitz nicht außergewöhnlich war. Vergleichen ist kein Freibrief für Relativieren.

Besorgt kann man auch über die zentrale Rolle sein, die das Reklamieren des Opferstatus' in der gegenwärtigen demokratischen Diskussion spielt. So gesehen sind Juden schwerlich einzigartig: Afro-Amerikaner, indigene Amerikaner, Homosexuelle, Einwanderer – auch sie errichten ihre Identität um die Erinnerung an frühere Verfolgung. In der Tat, diese Debatte sollte vorausschauender geführt werden, auch wenn es inzwischen, was die mitunter unwürdige Konkurrenz diverser Gruppen um ihr Leiden angeht, offener und toleranter zugeht. Doch Finkelsteins Buch wird weder der deutschen noch der amerikanischen Gesellschaft helfen, über die Fixierung auf vergangenes Leiden hinauszukommen. Es wird eine diskreditierte Sprache rehabilitieren und Vorurteile begünstigen. Die Suche nach finsteren Mächten ist ein sicheres Rezept, wenn man der intellektuellen und politischen Debatte schaden will.

Quelle: Süddeutsche Zeitung, 16. August 2000
Deutsch von Holger Fliessbach

Reinhard Rürup

Ideologisierter Holocaust?

Was Norman Finkelsteins Vorwurf für
die deutschen Gedenkstätten bedeutet

Ende Juli ist in London und New York ein Buch erschienen, das offensichtlich Furore machen soll und in den ersten Wochen nach seinem Erscheinen auch schon gemacht hat. Der New Yorker Zeithistoriker und Politikwissenschaftler Norman G. Finkelstein greift die großen jüdischen Organisationen in den USA, die die nationale und internationale Holocaust-Diskussion wesentlich bestimmen und als Sachwalter der Überlebenden des Holocaust auftreten, frontal an und wirft ihnen vor, eine »Holocaust-Industrie« entwickelt zu haben, die – »aus Macht- und Profitgründen« – der systematischen Ausbeutung des jüdischen Leidens in der Zeit des nationalsozialistischen Terrors und Völkermords gewidmet sei.

Das Buch *The Holocaust Industry. Reflections on the Exploitation of Jewish Suffering* umfaßt ganze 150 Seiten. Es ist für ein breites Publikum geschrieben und will provozieren. Der Autor, dessen Eltern zu den wenigen Überlebenden des Warschauer Ghettos und anderer nationalsozialistischer Lager gehörten, leugnet nicht den Mord an den europäischen Juden, er ist vielmehr der Meinung, daß das wahre Geschehen durch das, was er die »Holocaust-Ideologie« nennt, verdeckt und geradezu unkenntlich gemacht wird.

Zentrale Elemente dieser Ideologie sind für ihn die These von der Einzigartigkeit und Unvergleichbarkeit des jüdischen Leidens (»Einzigartiges Leiden verleiht einzigartigen Anspruch«) und die These, daß der nationalsozialistische Judenmord die externe Konsequenz eines irrationalen, ewigen Judenhasses in der Geschichte gewesen sei, was der Vorstellung Vorschub leiste, daß die Juden ständig von einem Holocaust bedroht seien und deshalb besondere (Verteidigungs-)Rechte beanspruchen könnten. Finkelstein, der auch ein Buch über den israelisch-palästinensischen Konflikt geschrieben hat, ist davon überzeugt, dass die »Holocaust-Ideologie« eine bewußte Instrumentalisierung des jüdischen Leidens zugunsten der Politik des Staates Israel gegenüber den Palästinensern und den arabischen Staaten bedeutet.

Vor allem aber tadelt er die großen jüdischen Organisationen in den USA (er spricht mißverständlich immer von den »jüdischen Eliten«), von dem American Jewish Committee über den Jewish World Congress, die Anti-Defamation League, die Jewish Claims Conference, die World Jewish Restitution Organization bis zum Simon Wiesenthal Center. In immer neuen Attacken wirft er ihnen vor, daß sie ihre eigenen Macht- und auch Profitinteressen in den Vordergrund stellen und die wenigen noch überlebenden Opfer für ihre Zwecke benutzen. Dabei kritisiert er die Einkünfte führender Funktionäre ebenso wie die Praxis der Entschädigungskampagnen gegen die Schweiz und Deutschland, inzwischen auch Polen.

Vieles von dem, was Finkelstein schreibt, ist nicht neu, sondern von so unterschiedlichen Autoren wie Raul Hilberg, Ismar Schorsch und vor allem Peter Novick (1999) formuliert worden. Neu ist dagegen die Radikalität, mit der die kritischen Ansätze gebündelt werden, die offensichtliche moralische Empörung, mit der die Manager und Ideologen der »Holocaust-Industrie« angeklagt werden. Finkelstein liegt nichts an Differenzierungen, nichts an Grautönen. Er ist einseitig und will es sein. Von den unbestreitbaren großen Verdiensten der jüdischen Organisationen, von den beeindruckenden Leistungen vieler ihrer Repräsentanten ist nicht die Rede. Auch wird der polemische Begriff der »Holocaust-Industrie« nirgendwo präzise definiert. Hinsichtlich des nationalen Holocaust-Museums in Washington wird zwar gegen bestimmte politische Implikationen der Museumspläne polemisiert, von der Realität des Museums, seinen Ausstellungen, seinen Sammlungen und seinen Forschungen ist dagegen nicht die Rede.

So richtig es ist, auch von anderen historischen Katastrophen und ihren Opfern zu sprechen, so schief fallen manche Vergleiche mit den Ureinwohnern Amerikas und mit der Sklaverei in Amerika aus (der Verfasser behauptet allen Ernstes, daß Hitler »seine Eroberung des Ostens nach dem Muster der amerikanischen Eroberung des Westens« durchführte oder daß »die Sklaverei annähernd den gleichen Platz im moralischen Universum des späten 19. Jahrhunderts einnahm wie der von den Nazis verübte Holocaust heutzutage«). Und wenn am Ende des Buches erklärt wird, daß »die Abnormali-

tät des Nazi-Holocaust nicht dem Ereignis selbst, sondern der ausbeuterischen Industrie entspringt, die sich
darum entwickelt hat«, scheint es dem Autor nur noch
darum zu gehen, Krawall zu machen. Finkelstein hat
zu den schärfsten Kritikern von Daniel Goldhagens
Buch über *Hitlers willige Vollstrecker* gehört, hinsichtlich der Methode, mit gewagten Thesen und extremen
Formulierungen auf sich aufmerksam zu machen,
erscheint er jedoch als sein gelehriger Schüler.

Polemik für ein amerikanisches Publikum

Finkelsteins Thesen sind in erster Linie an ein amerika-
nisches Publikum adressiert und werden vor allem dort
diskutiert werden. Es wäre gut, wenn es dabei nicht nur
bei einem polemischen Schlagabtausch bliebe, sondern
eine ernsthafte und klärende Debatte zustande käme.
Diskussionen wird es aber auch in Europa und insbesondere in Deutschland geben. Vermutlich werden sie
weniger über die Entschädigungsfragen geführt werden
als vielmehr über die Grundfragen von Politik und
Moral im Umgang mit dem nationalsozialistischen
Mord an den europäischen Juden.

Zwar hat sich unter Fachleuten die Ansicht durchgesetzt, daß der Judenmord nicht isoliert behandelt werden darf, sondern im Kontext der rassistischen Verbrechen des NS-Systems insgesamt gesehen werden muß:
von den »Euthanasie«-Morden und der »Ausmerze«
der »Gemeinschaftsfremden«, das heißt der »rassenpoli-
tisch« Unerwünschten, über die Ausrottung der polni-

schen Intelligenz, den Mord an den sowjetischen Kriegsgefangenen, die »Dezimierung« der »überflüssigen« sowjetischen Zivilbevölkerung bis zu dem Mord an den Zigeunern. Doch besitzt im historisch-politischen Bewußtsein der Deutschen der Mord an den Juden weiterhin einen besonderen, zentralen Stellenwert. Nur mit ihm ist die Vorstellung von einem »Zivilisationsbruch«, von einem Absturz der modernen, zivilisierten Gesellschaft in Deutschland verbunden. Dafür gibt es gute Gründe, aber es dürfte bei dem heutigen Kenntnisstand durchaus sinnvoll sein, ernsthaft zu diskutieren, ob der »Zivilisationsbruch« nicht durch die rassistischen NS-Verbrechen insgesamt verursacht ist. Für solche Überlegungen sind allerdings intellektuelle Offenheit und Behutsamkeit erforderlich, nicht rasche Polemik.

Wird in Deutschland schon zu viel erinnert?

Daß es in Deutschland eine »Holocaust-Industrie« jüdischer Organisationen gebe, wird im Ernst niemand behaupten wollen. Aber ein Historiker und Journalist wie Götz Aly hat vor einiger Zeit geglaubt, vor einer »Inflation des Gedenkstättenwesens« warnen zu müssen, und Aleida Assmann und Ute Frevert haben ihrem Buch über den Umgang mit der NS-Vergangenheit seit 1945 den Titel *Von der Geschichtsvergessenheit zur Geschichtsbesessenheit* gegeben. Auch in den langen Diskussionen über das in Berlin zu errrichtende Denkmal für die ermordeten Juden Europas ist die Befürchtung geäußert worden, daß man zu viel und nicht zu wenig tue.

Tatsächlich gibt es in Deutschland heute eine reiche, sich noch immer weiter ausdifferenzierende Erinnerungs- und Gedenklandschaft, die das Wissen über die nationalsozialistischen Verbrechen und ihre Opfer wachzuhalten versucht. Die Bundeszentrale für politische Bildung hat inzwischen rund 2000 solcher Orte gezählt, die von den großen KZ-Gedenkstätten bis zu kleinen lokalen Gedenksteinen reichen. Die meisten dieser Einrichtungen sind seit den achtziger Jahren aufgrund von Bürgerinitiativen entstanden und sind auch heute noch durch dieses Bürger-Engagement geprägt. Sie sind Orte der konkreten Auseinandersetzung mit der Geschichte und können sich in aller Regel nicht über mangelndes Interesse beklagen. Solange das so ist, sind diese Orte nötig und keineswegs überflüssig. Es gibt dabei keine einseitige Fixierung auf die Verfolgung der Juden, obwohl die Orte jüdischer Geschichte und jüdischen Leidens eine wichtige Rolle spielen. Auch von »Industrie« oder »Macht« kann kaum die Rede sein, obwohl die Bundesregierung mit ihrer vom Bundestag bestätigten »Gedenkstättenkonzeption« inzwischen zusätzliche Mittel für den Ausbau von Einrichtungen mit überregionaler Bedeutung zur Verfügung stellt.

Aber wie ist es in Berlin und Brandenburg? Hier gibt es die großen KZ-Gedenkstätten Sachsenhausen und Ravensbrück, die Topographie des Terrors, das Haus der Wannseekonferenz und die Gedenkstätte Deutscher Widerstand, dazu viele Denkmale und kleinere Gedenkorte in den Berliner Bezirken. Dazu kommt nun das Denkmal für die ermordeten Juden Europas, das seit 1988 von einer Bürgerinitiative gefordert und im Sommer 1999 vom Deutschen Bundestag beschlossen wurde. Es wird südlich des Brandenburger Tores nach einem Entwurf von Peter Eisenman errichtet und um einen unterirdischen »Ort der Information« ergänzt werden. In unmittelbarer Verbindung zu dem Denkmal stehen zwei weitere Einrichtungen: das Jüdische Museum in dem von Daniel Libeskind entworfenen Gebäude, das vom Januar nächsten Jahres an eine Bundeseinrichtung sein wird, und der Neubau der Topographie des Terrors von Peter Zumthor, der von Berlin und dem Bund gemeinsam finanziert wird.

Ist das zu viel? Sind hier, wie Henryk Broder angesichts der Denkmalsentwürfe boshaft im *Spiegel* formulierte, »die Hoch- und Deutschmeister der organisierten Trauerarbeit« tätig? Also vielleicht doch eine »Holocaust-Industrie«? Solche Befürchtungen mögen naheliegen, sind aber bei genauerem Hinsehen unbegründet. Es ist richtig und nötig, daß mit der Rückverlagerung der Hauptstadtfunktionen nach Berlin ein weithin sichtbares Zeichen gesetzt wird, daß man sich der Verbrechen, die von der deutschen Hauptstadt ausgingen, bewußt ist, daß man sich der NS-Geschichte stellt und ihr nicht verlegen ausweicht.

Deshalb ist das Denkmal notwendig. Es hätte ein Denkmal für alle Opfer des nationalsozialistischen Terrors sein können, und von nicht wenigen ist das, in der Regel sehr spät, gefordert worden. Die Bürgerinitiative wollte ein Denkmal für die ermordeten Juden, sie hatte sehr gute Gründe dafür, und die öffentliche Meinung wie auch die Politik sind diesem Vorschlag gefolgt. Es gab in dieser Hinsicht keinerlei Druck jüdischer Organisationen. Das Denkmal ist, ungeachtet aller Irritationen, die es immer wieder gab, ein Ergebnis der öffentlichen Diskussion und der Entscheidung der verantwortlichen politischen Institutionen in Deutschland. Im Bundestag gab es bei der entscheidenden Abstimmung keinen Fraktionszwang.

Wer das Denkmal besucht und danach mehr wissen möchte über die Kultur und Geschichte, die mit dem Mord an den europäischen Juden zerstört wurden, wird das Jüdische Museum in der Lindenstraße aufsuchen. Hier wird die jüdische Geschichte in Deutschland nicht als eine Vorgeschichte ihrer Katastrophe – also nicht als »Holocaust-Geschichte« – dargestellt werden, sondern als eine Geschichte jüdischer Begabungen, Interessen und Leistungen in der deutschen beziehungsweise europäischen Gesellschaft, deren integraler Teil die Juden trotz aller Ressentiments und Behinderungen bis zum Beginn der NS-Herrschaft waren.

Wer mehr wissen möchte über die Täter und über die Gesellschaft, in der der Mord an den Juden möglich wurde, wird zur Topographie des Terrors an der unteren Wilhelmstraße beziehungsweise Niederkirchnerstraße gehen. Dort wird er über die Verfolgung und Ermordung der Juden, aber auch über andere Opfergruppen und das gesamte System aus Rassismus und Terror informiert werden. Berlin als die deutsche Hauptstadt braucht beides: die Auseinandersetzung mit dem NS-System und seinen Verbrechen und die Beschäftigung mit der jüdischen Geschichte. Beides muß – und wird – unideologisch und sachorientiert, konkret und präzise geschehen.

Das Denkmal, das Jüdische Museum und die Topographie des Terrors werden im Zentrum Berlins den Willen bekunden, die Erinnerung an die nationalsozialistischen Verbrechen und ihre Opfer auch für die nachwachsenden Generationen möglich zu machen. Die Tatsache, daß für alle drei Vorhaben herausragende Architekten gewonnen werden konnten, wird dazu führen, daß auch im Stadtbild die besonderen Anstrengungen deutlich sichtbar sind, die zur Erinnerung der NS-Verbrechen unternommen werden. Da Finkelstein immer wieder betont hat, daß ein »unideologischer« Umgang mit dem Holocaust auch in Zukunft wichtig sein wird, müßte selbst er mit den Entwicklungen in Berlin zufrieden sein.

Quelle: Die Zeit Nr. 34, 17. August 2000

Philipp Blom

Das Gedenken – ein Geschäft?

Norman Finkelsteins Polemik
gegen die »Holocaust-Industrie«

Wenn der Erfolg eines Buches nach dem Verhältnis von Seitenzahl und Zeitungsspalten berechnet werden kann, dann ist Norman Finkelsteins *The Holocaust Industry: Reflections on the Exploitation of Jewish Suffering* das Buch des Jahres.

Viele der Rezensionen und Beiträge zu der Debatte reagieren auf die Argumente des schmalen Bandes mit einer Irritation und einer Geschichtsfrömmigkeit, die Finkelstein zu dem Dissidenten und Märtyrer machen, als der er sich selber so gerne stilisiert.

Finkelsteins These lautet, kurz zusammengefaßt, wie folgt: Der Holocaust als historisches Ereignis, und das Andenken der Opfer als kulturelles und historisches Legat, sind von »amerikanisch-jüdischen Eliten« in Besitz genommen worden, die es zu ihren eigenen egoistischen und korrupten Zwecken missbrauchen.

Mit dem Holocaust als »Erpressungsmittel«, so Finkelstein, extrahieren sie unerhörte und ganz unproportionale Summen von schweizer Banken und der deutschen Industrie im Namen von hauptsächlich fiktiven Überlebenden, die es nur als aufgeblähte Zahlen oder nach betrügerischen Interpretationen der historischen

Fakten gäbe. Das Geld, so Finkelstein, gehe aber nicht, oder nur zu Bruchteilen, an tatsächliche Überlebende, sondern werde für »Holocaust Erziehungs-Projekte« verwendet, die den »Mythos der Einmaligkeit des Holocaust« weiter zu zementieren.

Finkelstein zufolge ist das, was von der Seite großer jüdischer Organisationen als Kultur des Gedenkens dargestellt wird, nichts weiter als ein Mäntelchen für Geldgier, die Egomanie einiger amerikanischer jüdischer Organisationen, und für die politische und ideologische Unterstützung des Staates Israel. Der Holocaust, so Finkelstein, ist längst durch eine kleine Elite mythologisiert und aus dem Kontext der Geschichte herausgenommen worden, um letztendlich die Idee der jüdischen Auserwähltheit weiter zu stärken.

Nur wenige Autoren könnten derartige Argumente vorbringen, und dafür einen Verlag finden, ohne sofort als Antisemiten, Neo-Nazis und Holocaust-Leugner bezeichnet zu werden. Finkelstein, dessen Eltern beide im Warschauer Ghetto und in Konzentrationslagern waren und dessen gesamte restliche Familie ermordet wurde, gehört sicherlich nicht zur Riege der ewig Gestrigen, wenn auch die ewig Gestrigen keine Zeit verloren haben, seine Argumente zu ihren eigenen Zwecken zu gebrauchen.

Dies ist ein schwieriges Buch, weniger vorsichtige Analyse als schreiende Polemik, die auf 150 Seiten nach allen Richtungen hin ausschlägt. Finkelstein tut sich oder seinen Argumenten mit seinem bitteren und oft karikaturartig simplifizierenden Ton keinen Gefallen, um so mehr, als viele dieser Argumente schon in moderaterer Form von anderen Autoren, insbesondere Peter Novick, vorgebracht worden sind.

Trotzdem sollte es ernstgenommen werden, wenn auch vielleicht anders, als der Autor es vorausgesehen hatte: Finkelstein polemisiert, zu Recht, gegen Goldhagens *Hitlers willige Vollstrecker*, das trotz seiner fehlenden akademischen Glaubwürdigkeit (und Finkelstein spielte eine wichtige Rolle darin, das zu beweisen) große Popularität erlangte. Ob ein gutes historisches Werk oder nicht, Goldhagen war der Anlaß zu einer wichtigen Debatte, und es ist möglich, daß auch *The Holocaust Industry* solch eine Debatte provozieren wird.

Dem Buch ging eine Rezension von Peter Novicks *The Holocaust and Modern Collective* im *London Review of Books* voraus und Finkelsteins Polemik setzt da an, wo Novick aufhört. Novicks Zentralthese ist, daß der Holocaust besonders in Amerika zu einer kulturellen Anomalie geworden ist – zum zentralen historischen Ereigniss des zwanzigsten Jahrhunderts, obwohl es weit weg von Amerika und ohne amerikanische Beteiligung geschah – und daß diese Zentralität des Holocaust für das amerikanische Bewusstsein seinen Ursprung im Sechstagekrieg hatte, der der einflussreichen jüdischen Gemeinschaft in den Vereinigten Staaten deutlich machte, wie fragil der Staat Israel war, und daß sein Fortbestehen durch eine Instrumentalisierung des Holocaust sichergestellt werden könne. »Der Holocaust im Amerikanischen Leben ist so banal,« so Novick, »gerade weil er so unkontrovers ist, so ohne jede Beziehung zu den wirklichen Brüchen in der amerikanischen

Gesellschaft.« Daher also die Explosion von Interesse und Forschung, und, wichtig und wenig erbaulich, der *Disneyfication* des Holocaust durch Interpretationsträger wie Steven Spielberg oder das Holocaust Museum in Austin, Texas.

Hier fügt Finkelstein eine wichtige Umdeutung des Argumentes an. Nicht die jüdische Gemeinschaft sei es gewesen, die Israel und damit auch den Holocaust zu seiner heutigen Position in der politischen Agenda der Vereinigten Staaten verhalf. Der Sechstagekrieg, so argumentiert er, zeigte nicht die Schwäche sondern die Stärke Israels als potentieller politisch-militärischen Partner im Nahen Osten. Die amerikanische Außenpolitik wandte sich dementsprechend ab von bis dahin noch möglichen arabischen Bündniskandidaten und hin zu Israel, das als der nützlichste Partner erschien.

Für die amerikanischen Juden habe das geheißen, daß sie, anstatt, wie bisher, einer gespaltenen Loyalität verdächtigt zu werden, auf einmal durch zionistisches Engagement zu doppelt guten Amerikanern wurden. Der Holocaust, so Finkelstein, war das ideale Vehikel, diese sehr pragmatische außenpolitische Kalkulation im eigenen Land zu rechtfertigen.

Sowohl Finkelstein als auch Novick sehen die »Holocaust-Industrie« und die Doktrin der Unvergleichbarkeit des nationalsozialistischen Völkermordes an den Juden als eine Kreatur dieser amerikanischen Kultur. Hier muss man wohl, aus der europäischen Perspektive, anfügen, daß die Kultur der Bundesrepublik Deutschland durch Mediatoren wie Adorno und, später, Hendryk Broder und Dan Diner, den »Zivilisationsbruch« als Konzept des katastrophalen Versagens des Humanismus unabhängig von den Staaten entwickelt und erhalten hat.

Von deutscher Perspektive scheint das Festhalten an der Einmaligkeit des Holocaust fast durch eine kulturelle Erwählungsidee in der Tradition Fichtes und Hegels motiviert zu sein: Wenn die Deutschen, als Träger einer großen Kultur, zu einem solchen Verbrechen fähig waren, dann muss das Versagen dieser Kultur schrecklicher und metaphysisch vernichtender sein, als Völkermorde anderer und »weniger hochstehender« Kulturen.

Finkelstein rührt somit an Grundsätze, die längst zum Gründungsmythos des deutschen und des jüdischen Selbstverständnisses geworden sind, und die auch in Amerika große Wichtigkeit und einen quasi sakralen Status erreicht haben. Die historische Integration oder Relativierung des Holocaust ist, je nach Formulierung seiner Manifestationen, *de facto* oder *de jure* zum Verbrechen gemacht worden. Finkelstein aber ist vehement in seiner Insistenz auf die Notwendigkeit einer solchen Relativierung. »Die Illusion, der Holocaust sei eine amerikanische Erinnerung,« zitiert er Novick, »dient dazu, die Amerikaner freizusprechen von ihren tatsächlichen Verantwortlichkeiten für ihre Vergangenheit, ihre Gegenwart und Zukunft.« In anderen Worten, wer den Blick fest auf Auschwitz gerichtet hält, kann nicht gleichzeitig Vietnam, Afghanistan, Nicaragua und viele andere Orte sehen, in denen Amerika Blut auf seine Händen hat.

Finkelstein aber geht wesentlich weiter: »Der Holocaust hat sich als eine unverzichtbare ideologische

Waffe erwiesen. Durch ihren Gebrauch hat eine der größten militärischen Mächte der Welt, die selbst Menschenrechte mit Füßen tritt, es geschafft, sich selbst als »Opferstaat« darzustellen und die erfolgreichste ethnische Gruppe in den US hat gleichfalls Opferstatus erreicht. Dieses Opfer-Sein zahlt große Dividenden, besonders Immunität von Kritik, auch wenn diese sehr gerechtfertigt ist.«

In der Idee der Unvergleichbarkeit des Holocaust sieht Finkelstein das größte Hindernis für einen konstruktiven Umgang mit dem Gedenken an die Opfer. Es ist daher auch nicht überraschend, daß diesem Konzept einige seiner giftigsten Seiten gewidmet sind. Den »Hohenpriester« dieser Ideologie sieht Finkelstein in Elie Wiesel, der »für eine Standardgebühr von $ 25 000 plus Chauffeur und Wagen« das Evangelium des Schweigens angesichts der Einzigartigkeit des Holocaust verkünde.

Anstatt auf dem Dogma der Singluarität zu bestehen, so Finkelstein unter Bezug auf den Historikerstreit, solle der Holocaust endlich historisch integriert werden. »Ein Verbrechen muß nicht einzigartig sein, um Sühne zu verlangen. Die Herausforderung heute ist, den Nazi-Holocaust als Gegenstand der rationalen Forschung wiederherzustellen. Nur dann können wir davon lernen. (...) Die nobelste Geste denen gegenüber, die umgekommen sind, ist, ihr Andenken zu bewahren, von ihrem Leid zu lernen und sie dann, endlich, in Frieden ruhen zu lassen.«

Wie dieser Frieden aussehen könnte, sagt Finkelstein nicht, und das ist wohl das Problem mit der Schlußfol-

gerung des Buches. Niemand kann angesichts der klein-
lichen Streitigkeiten um den Ort Auschwitz, die immer
wieder berichtet werden, und angesichts eines Leidens-
tourismus einschließlich Würstchenbuden, der sich in
Konzentrationslagern abspielt, gleichgültig sein, und
wenige Europäer sehen es ohne Unbehagen, daß ein
zentrales Ereignis ihrer Geschichte seine populärste
und dominante Auslegung ausgerechnet in Hollywood
gefunden hat. Eine Alternative zu dieser Kommerziali-
sierung des Grauens zu finden, ist in unserer marktwirt-
schaftlichen Ära, in der letztendlich alles zu Geld
gemacht wird, was verkauft werden kann, allerdings
nicht einfach.

Finkelsteins Animus gegen Israel, gegen die Kom-
merzialisierung des Leidens auch seiner Eltern und
gegen das amerikanisch-jüdische Establishment sprechen aus jeder Zeile dieses Buches. Jahrzehntelanges
polemisieren gegen Israel und gegen jüdische Institutionen haben Finkelstein die Aura eines Märtyrers gegeben, der nicht zuletzt er selbst kaum widerstehen kann.
Die Konsequenz hiervon ist, daß seine Argumente oft
überspitzt vorgebracht sind, als wolle er von vornherein
das Protestgeheul der Opposition übertönen, daß Polemik und Überzeugung oft an die Stelle sachlicher Dar-
legung treten.

Das Buch wird auch darum sicherlich einige Bewun-
derer unter jenen finden, die nach Bestätigung von antisemitischen Vorurteilen suchen, und es wäre zu wünschen gewesen, daß sein britischer Verleger, Colin
Robinson, seinen editorialen Mut durch stärkeres lekto-
rales Eingreifen, eine Abschwächung des Tons und eine

Verstärkung der Argumente auch zur verlegerischen Großtat gemacht hätte. Finkelstein hatte kaum sechs Monate (und hatte sich wohl nicht mehr Zeit genommen), um ein Buch zu schreiben, dessen Aussage mit größter Umsicht und Klarheit vorgetragen werden sollte, eine Unmöglichkeit in dieser Zeit, oder auf 150 Seiten.

So ungenügend auch die argumentative Struktur des Buches ist; als Anregung einer Diskussion hat es einen wertvollen Dienst geleistet. »Auschwitz« hat längst den Charakter eines historischen Ereignisses verloren und ist zum zeit- und oft auch inhaltslosen Emblem für alles Böse geworden. Um aber seine Substanz nicht völlig zu verlieren, muß der Holocaust wieder historisch eingebettet werden, sonst wird er ganz zu dem, was er immer häufiger jetzt schon ist: die Ikone des Trivialbösen. Jede Religion aber lädt Bilderstürmer ein, jede Sakralisierung jenseits der Geschichtlichkeit muß zum Ziel werden für Ikonoklasten.

Zwar ist Finkelstein nicht der erste, der es beschrieben hat, aber seine Analyse ist deswegen nicht weniger treffend: Die historische Größe Auschwitz und das historische Ereignis, für das sie steht, sind von einem orgiastischen Leidenskitsch verschluckt worden, teils politisch-moralische Platitüde für Feierstunden, teils sinnentleerte und inflationäre Währungseinheit einer Betroffenheitskultur, die die »Aufarbeitung« eines längst über die Geschichtlichkeit hinaus sakralisierten Völkermordes der politisch-gegenwärtigen Wachsamkeit vorzieht, die sie immer wieder beschwört und fordert.

Im deutschen und im europäischen Kontext muß man Finkelsteins Gedanken weiterspinnen, denn das institutionalisierte Gedenken, erwachsen aus der Integrität des »Nie wieder!«, das im Jahre 2000 Großbritanniens ersten »Holocaust Day« hervorgebracht hat, hat inzwischen die gegenteilige Wirkung. Nicht nur die soziale Situation in Deutschlands Neuen Bundesländern ist Indiz dafür, daß sich das »alte Unbehagen« wieder rührt; halböffentlich, in Andeutungen, vertraulich zwinkernd, oder von der Kanzel in der Paulskirche. Die Routine des Erinnerns stößt auf einen Widerstand, der pilzgleich aus einem weiten und augenscheinlich ganz gesunden Wurzelgeflecht überall Köpfe emporschießen läßt auf die zu treten gar nichts nützt.

Wenn, um das Mantra der Gedenkkultur aufzugreifen, die Geschichte etwas lehren kann, dann ist es nicht die Institution immer neuer Mahnmale, Gedenktage und Museen, auf die ein Publikum starren kann wie das Kaninchen auf die Schlange, sondern zum Einen das Anwenden des »Nie wieder!« auf heutige Schauplätze von Unrecht und Völkermord. Das heißt nicht vergessen und verdrängen, und schon gar kein »Schluß machen mit der ewigen Schuld«, sondern politisches und nicht ritualistisches Lebendighalten der Vergangenheit im Kontext gegenwärtiger Menschenrechtsverletzungen, das Festhalten eines Legates, nicht eines Katechismus.

Das ist natürlich schwierig, denn während man sich über den Holocaust getrost einig sein kann, ist es heikler, ein Nato-Land wie die Türkei wegen des Völkermordes an den Armeniern oder der Verfolgung der Kurden zur Rechenschaft zu ziehen. Für Hitler war es ein gewichtiges Argument, daß sich niemand der Armenier erinnerte, als er sich darauf vorbereitete, die »Judenfrage« ihrer fürchterlichen Lösung zuzuführen. Bis jetzt hat er Recht behalten, wie der BBC-Korrespondent Fergal Keane richtig beobachtete. Die Ausschließlichkeit des Gedenkens kann so dem »Nie wieder!« im Wege stehen.

Neben dem politischen Legat steht das historische. So weit sind die Industrialisierung und die gedankenlose Verkitschung des Gedenkens fortgeschritten, daß der Mißbrauch des Begriffs »Faschismus« den des Begriffs »Holocaust« direkt spiegelt. Genauso wie sich die Linke der siebziger Jahre nicht um Definitionen und Inhalte scherte, als sie den Zionismus mit Faschismus gleichsetzte (tatsächlich ist er eine kolonialistische Ideologie und als solche die letzte, die unrekonstruiert ihr Wesen treibt) und noch heute jedes Auftreten des staatlichen Gewaltmonopols auf der Straße so apostrophiert wird, so besteht inzwischen die Konvention, die ahistorische Größe »Auschwitz« oder (fast austauschbar) »Holocaust« nicht nur auf Völkermord, sondern überhaupt auf jedes Verbrechen und jedes Leiden anzuwenden.

So konnte Beatrix Campbell, eine Biographin von Diana, Princess of Wales, in vollem, törichten Ernst schreiben, daß sich die »Prinzessin der Herzen« dadurch, daß sie vor laufenden Kameras ihr eigenes Herz über ihre unglückliche Ehe ausschüttete »in die Reihen der Verstoßenen einreihte, der Überlebenden von Gewalt und Terror, des Holocaust, des Weltkrieges

und der Pogrome, von Vietnam und den Bürger-
kriegen in Südamerika und Südafrika, von Folter und
Kindesmißhandlung«. Der Holocaust und Princess
Di, Auschwitz und Elvis, alles wird Teil des Medien-
Faustvokabulars, der ahistorischen Verdummung und
Verflachung.

Aus dem außenpolitischem Kalkül des Kalten Krieges wurde so ein Ideologem, das sich längst von den
Umständen seiner Schöpfung emanzipiert hat. Jenseits
der historischen Verortung ist Auschwitz unbegrenzt
bedeutungsmächtig und doch völlig unspezifisch und
inhaltslos, Sponsor von Karrieren, Ansporn zu Spenden und Gesinnungsbeweisen, Trope für Feierstunden
und Besinnlichkeit bei Kerzenlicht, ultimative Rechtfertigung.

Die notwendige analytische Antwort auf die Verflachung des Begriffes »Auschwitz«, wie ihn Finkelstein
zu Recht konstatiert, ist seine Entmythologisierung.
Ohne eine Rückverankerung dieses Völkermordes in
seinen historischen Umständen, ohne das rigorose
Bestehen auf seiner Geschichtlichkeit und seiner Spe-
zifizität, die ihm, wie jedes historische Ereignis, einzigartig und gerade dadurch vergleichbar macht, ein
Gegenstand der Geschichtswissenschaft und nicht
der Geschichtsfrömmigkeit, wird er als Begriff und
als Realität von jedem Sinn entleert in sich selbst
zusammenfallen.

Der Holocaust, erst seit den sechziger Jahren syno-
nym mit der Ermordung der europäischen Juden, eine
theologische Größe inmitten einer säkulären Kultur, ist
gleichzeitig trivialisiert bis in die völlige Beliebigkeit

und Austauschbarkeit hinein. Kein Wunder also, daß das französische Olympiateam der Synchronschwimmer in Sidney ein »Auschwitz-Ritual« in die gechlorten Wellen zaubern wollte.

Nicht nur die Welt der Popkultur und das Kulturverständnis von Sporttauchern aber haben es längst gelernt, aus diesen Ikonen Kapital zu schlagen. BritArt, die junge, auf Schock und Tabubruch ausgerichtete Kunstrichtung aus Großbritannien, die Feuilletons und Galleriebesucher von London bis Paris und von Berlin bis New York in Ekstase versetzt, feierte Ende 2000 seine zweite große Retrospektive, »Apocalypse«, in der Royal Academy of Arts in London. Eines der Hauptwerke war *Hell*, eine Installation der Brüder Jake und Dinos Chapman, in der 5000 verstümmelte Spielzeug-Nazi-Soldaten in winzigen, in Hakenkreuzformation angeordneten Vernichtungslager-Szenarien Höllenqualen erleiden.

Was für den Kurator der Ausstellung eine an Bosch und Goya gemahnende Mediation über die Schrecken des Krieges ist, kann auch als eindrucksvolles Zeugnis eines kulturellen Analphabetismus gesehen werden, in dem NS-Uniformen und Hakenkreuze zu Chiffren des Bösen schlechthin degeneriert sind, Versatzsteine aus dem Vokabular des medialen Kitsches, das wohliggrauenerregende Pendant zur Besinnlichkeit des röhrenden Hirschen oder des weintrinkenden Mönches.

Die Holocaust-Industrie, der es längst nicht mehr um Opfer oder Täter geht, ist in vollem Schwung und mit ihr kommt die Erosion der geschichtlichen Realität im Bewußtsein der heutigen Kultur. Was noch fehlt, sind putzige Auschwitz-Schneekuppeln und andere lustige Souvenirs (*My brother went to Auschwitz and all I got was this lousy T-shirt*) an Andenkenständen in Oświęcim. Es ist wohl nur eine Frage der Zeit.

Quelle: Neue Zürcher Zeitung, 18. August 2000. Der Text wurde vom Autor für diesen Sammelband überarbeitet und erweitert.

Peter Longerich

Ein Mann sieht rot

Norman Finkelstein und seine
»Holocaust-Industrie«

Norman Finkelsteins bisher nur in Englisch vorliegen-
des Buch *The Holocaust Industry,* Verso, beschäftigt
derzeit das auf dem Gebiet der Geschichtspolitik geübte
Debattenfeuilleton. Die *Süddeutsche Zeitung* gab Finkelstein die Möglichkeit, seine Kernthesen ausführlich
darzustellen. Der Leiter der Stiftung Topographie des
Terrors, Reinhard Rürup, nimmt das Buch immerhin
ernst genug, um die Arbeit der NS-Gedenkstätten in
der *Zeit* darzustellen, und die FAZ stellte fest, »es würde
plötzlich ein Fenster geöffnet«.

Der Holocaust, so Finkelsteins These, das heißt die
Art und Weise, wie die Ermordung der europäischen
Juden heute in den USA überwiegend dargestellt werde,
sei eine Erfindung einflußreicher jüdischer Organisationen – der »Holocaust-Industrie«. Diese Darstellung des
Mordes an den europäischen Juden sei zu einer Ideologie geworden. Sie diene der Legitimierung der israelischen Politik, dem Eigeninteresse des jüdischen Establishments sowie der Durchsetzung übertriebener
Entschädigungsforderungen gegenüber der Schweiz,
Deutschland und demnächst gegenüber osteuropäi-
schen Ländern.

Moralischer Sonderanspruch

Vermutlich würde das Buch ignoriert werden, wenn Finkelstein seine Herkunft nicht immer wieder in seine Argumentation einfließen ließe: Finkelsteins Eltern sind Überlebende des Holocaust, die übrige Familie wurde ausgelöscht. Kritik am angeblichen Holocaust-Establishment präsentiert Finkelstein denn auch gern in Form von Äußerungen seiner verstorbenen Mutter. Auf den ersten Blick ist klar, daß Finkelsteins knapp 150 Seiten dünnes Buch keine ausgewogene Kritik darstellt. Sein Pamphlet knüpft an Peter Novicks im letzten Jahr veröffentlichtes Buch *The Holocaust in American Life* (Houghton Mifflin) an. Novick, emeritierter Professor der Universität von Chicago, weist in seiner Studie nach, daß das Interesse amerikanischer Juden an den Morden in Europa in den zwei Jahrzehnten nach dem Zweiten Weltkrieg zunächst gering war. Entscheidend hierfür war offensichtlich die Ängstlichkeit der jüdischen Oganisationen, in den Verdacht zu geraten, Frontstellungen des Kalten Krieges aufzuweichen. Den Wendepunkt stellten nach Novick die Nahostkriege von 1967 und 1973 dar, die Israels Verwundbarkeit zu demonstrieren schienen.

Seit Ende der 70er Jahre, mit der Fernsehserie *Holocaust,* der starken Zunahme von »Holocaust-Studies« an Schulen und Universitäten sowie dem Bau des Museums in Washington und anderer Gedenkstätten, habe die Erinnerung an die Ermordung der europäischen Juden einen festen Stellenwert in der amerikanischen Kultur. Novick spart Verkitschung und billige Instrumentalisierung des Holocausts nicht aus und zeigt sich skeptisch, ob für die amerikanische Gesellschaft insgesamt ein so prominenter Stellenwert des Holocaust überhaupt wünschenswert sei.

Finkelsteins Ausgangspunkt ist die Kritik von Novicks Buch. Nicht die Angst um die Existenz Israels sei entscheidend für die »Entdeckung« des Holocaust gewesen, sondern die Anstrengungen jüdischer Organisationen, im Windschatten der neuen strategischen Allianz der USA mit Israel die Position der jüdischen Minderheit zu befestigen und auszubauen. Der Holocaust erlaube es den Juden, sich als Opfer der Geschichte darzustellen und Kritik von Israel abzulenken. Finkelstein radikalisiert und simplifiziert Novicks These. Mit der »Holocaust-Industrie« entwickelt er einen Kampfbegriff, den er auf alle Mitglieder des »jüdischen Establishments« anwendet, die seiner Ansicht nach vom Holocaust profitieren oder ihn für politische Propaganda instrumentalisieren wollen. So entsteht ein altbekanntes Klischee: das Netzwerk einer jüdischen Verschwörung.

Wie vor ihm Novick reibt sich Finkelstein an der tatsächlich vor allem in den USA weit verbreiteten Vorstellung von der »Einzigartigkeit« des Holocaust. Durch diese intellektuell sinnlose Behauptung, so Finkelstein, werde eine Art moralischer Sonderanspruch konstruiert, während das Leiden anderer Völker und die Gefahr künftiger Genozide marginalisiert werde. Diese Polemik hat jedoch nichts zu tun mit dem intellektuellen Kern der Auseinandersetzung.

Selbstverständlich ist es möglich und notwendig, den Holocaust in den Kontext einer langen Kette von Genoziden zu stellen, ihn mit anderen Massenmorden zu vergleichen und ihn historisch einzuordnen. Mit der vergleichenden Genozidforschung hat sich seit Jahren bereits ein Wissenschaftszweig etabliert, der genau dies tut. Die international wichtigste Fachzeitschrift auf dem Gebiet der Holocaust-Forschung heißt *Holocaust and Genocide Studies* (herausgegeben vom Washingtoner Holocaust Museum, laut Finkelstein eine Bastion der »Holocaust Industrie«). Einiges spricht dafür, daß sorgfältige Vergleiche die historische Besonderheit des Mordes an den Juden gegenüber anderen Völkermorden zukünftig noch klarer akzentuieren werden: die Tatsache, daß hier ein Staat auf Anweisung des Staatsoberhauptes daran ging, Millionen von Menschen wegen der Zugehörigkeit zu einer Gruppe vollständig und systematisch, planvoll und mit Hilfe besonderer Tötungseinrichtungen umzubringen. Gerade der Vergleich mit den Zigeunern, den Finkelstein gegen die These von der Einzigartigkeit des Mordes an den Juden anführt, zeigt zwar bemerkenswerte Parallelen zur Judenverfolgung, aber eben nicht den gleichen, auf die vollständige und systematische Ermordung der gesamten Volksgruppe abgestellten Vernichtungswillen. Zum Beweis seiner These, der Singularitätsanspruch sei in den Rang eines Dogmas erhoben, versucht sich Finkelstein an Deborah Lipstadts Buch *Leugnen des Holocaust,* das die Autorin soeben erfolgreich gegen eine Verleumdungsklage David Irvings verteidigen konnte. Lipstadt, so Finkelstein, gehe so weit, jeden, der die

Einzigartigkeit des Holocaust bestreite, als Holocaust-Leugner zu brandmarken. Tatsächlich aber unterscheidet Lipstadt in ihrem Buch klar zwischen den Historikern, die den Mord an den Juden mit »unmoralischen Gleichsetzungen« relativieren wollen, und den eigentlichen Leugnern. Breiten Raum nimmt die Auseinandersetzung mit den angeblich überhöhten und erpreßten finanziellen Kompensationsforderungen der Holocaust-Industrie ein. Seine Argumentation steht allerdings auf schwachen Füßen.

Finkelstein schreibt darüber hinaus, die »Holocaust-Industrie« würde die Zahl der Holocaust-Überlebenden nach oben erhöhen. Er selbst schätzt die Zahl der jüdischen Überlebenden auf Grund einiger rudimentärer Angaben auf maximal 25 000. Tatsächlich bezifferte die Bundesregierung die Zahl der Holocaust-Überlebenden, die im Frühjahr dieses Jahres noch Leistungen von deutscher Seite erhalten, auf 118 000, wobei die deutschen Kriterien außerordentlich streng sind. Finkelstein kann sich diese hohe Zahl nur dadurch erklären, daß die Mehrzahl der Überlebenden die fragliche Zeit nicht in Lagern verbracht hätte. Sie hätten ihre Leidensgeschichte fabriziert, eine Behauptung, für die Finkelstein außer seiner eigenen Überschlagsrechnung der jüdischen Überlebenden keine Belege liefert.

Rot sieht Finkelstein in seiner Auseinandersetzung mit der Claims Conference, der Dachorganisation jüdischer Verbände, die Ansprüche von Holocaust-Opfern gegenüber der Bundesrepublik vertritt. So gibt Finkelstein an, laut einer Stellungnahme der Bundesregierung vom Februar 2000 seien nur 15 Prozent der Gelder, die zwischen 1953 und 1965 an die Claims Conference überwiesen wurden (insgesamt 450 Millionen DM), jüdischen Opfern zugute gekommen. Der Rest, so Finkelstein, sei an Lieblingsprojekte der der Claims Conference angeschlossenen jüdischen Organisationen gegangen. Finkelstein meint hierin eine eklatante Verletzung des entsprechenden Abkommens zu sehen, das 1952 abgeschlossen wurde.

Allerdings ist dies eine verzerrte Wiedergabe der tatsächlichen Ausgabepraxis, die von der Claims Conference in allen Einzelheiten offengelegt wurde: Tatsächlich flossen 80 Prozent der 450 Millionen in Hilfsprogramme für die Unterstützung von NS-Opfern. Dies geschah indirekt, durch Unterstützung karitativer Einrichtungen jüdischer Gemeinden oder durch direkte Leistungen, die in jedem Fall mehr als die genannten 15 Prozent ausmachten. 20 Prozent wurden für kulturelle und Erziehungsprogramme aufgewendet, mit denen die Erinnerung an die Shoah wachgehalten werden sollte. Es kann also überhaupt keine Rede davon sein, daß Mittel zweckentfremdet wurden.

Geldgierige Mafia

Eine längere Passage des Buches widmet Finkelstein der Kampagne gegen Schweizer Banken und beschreibt detailliert, mit welchen zum Teil rabiaten Methoden die amerikanische Öffentlichkeit gegen die Veruntreuung herrenloser Konten durch die Schweizer Banken mobilisiert wurde. Auch hier lautet der Vorwurf, die Gelder wanderten größtenteils in die Tresore jüdischer Organisationen. Finkelstein ist so besessen von seiner These der geldgierigen jüdischen Holocaust-Mafia, daß er von vornherein irgendwelche ehrbaren Motive im Kampf um eine späte Entschädigung der Opfer ausschließt.

Er versteigt sich zu absurden Vergleichen und Behauptungen. Um seine Kritik an dem Bau des Holocaust Museums in Washington zu untermauern, malt er aus, was die Welt wohl sagen würde, wenn in Berlin ein Museum für die Vernichtung der nordamerikanischen Ureinwohner errichtet werden würde. Hitler, so eines seiner Argumente, habe die amerikanische Eroberung des Westens als Vorbild für seine Lebensraumziele in Osteuropa angesehen. Finkelstein ist darauf versessen, den heutigen öffentlichen Umgang mit dem Mord an den europäischen Juden nur als Ergebnis der Machenschaften einer zynischen Interessenlobby wahrzunehmen. Er liefert damit eine Karikatur der aus vielfältigen Motiven gespeisten Kultur der Erinnerung an den Holocaust in den Vereinigten Staaten. Abzuwarten bleibt, ob die bevorstehende deutsche Ausgabe des Buches (die Rechte liegen bereits bei Piper) einen Nerv treffen wird, kommt doch die Argumentation dem weitverbreiteten, amorphen Gefühl des »endlich genug« entgegen. Doch Finkelsteins Kritik an Auswüchsen der amerikanischen Holocaust-Debatte läßt sich nicht auf die deutschen Verhältnisse übertragen. Denn die Erinnerung an die Verbrechen des NS-Regimes hat in der nationalen Kultur des Landes, welches das Erbe der NS-Diktatur antreten mußte, einen ganz anderen Stellenwert. Es ist eine Überlebensfrage für die Demokratie in Deutschland, sich zu vergegenwärtigen, welche schrecklichen Folgen eine Diktatur hervorbrachte, die hier vor etwas mehr als einem halben Jahrhundert herrschte.

Quelle: Frankfurter Rundschau, 22. August 2000

Marcia Pally

Tanz mit der Besonderheit

Wer fürchtet Norman Finkelstein?

Mit aufgeregten Besprechungen in den USA und einem
ganzen Stapel von Artikeln in Deutschland ist Norman
Finkelsteins Buch *The Holocaust Industry* aufgenommen worden, und wir alle sollen den Autor nun für den
ersten Vertreter eines neuen Trends halten. Schließlich
schrieb die *New York Times,* Finkelstein habe »seine
eigene Holocaust-Industrie begründet«. Dabei liefert er
alles andere als den Grundstein zu einer neuen Debatte;
sein Buch ist einfach Teil des zeitgenössischen jüdisch-
amerikanischen Nachdenkens über den Holocaust. Das
hat schon andere Bücher hervorgebracht (insbesondere
Peter Novicks *The Holocaust in American Life,* 1999)
und wird weitere hervorbringen (in diesem Jahr
erscheint zum Beispiel Allan Mintz' Studie über den
Holocaust im amerikanischen Film). Dieser Denkpro-
zeß ist ein Tauziehen zwischen Parteien, die ich Essentialisten und Kontextualisten nennen möchte; er reflektiert die relativ bequeme Situation der amerikanischen
Juden, die aus historischer Perspektive erstaunlich ist,
ebenso wie das gleichwohl anhaltende Dilemma jüdischer Identität.

Die Essentialisten – zu ihnen zählen Elie Wiesel

und, in seinem Glauben an einen charaktertypischen oder essentiellen deutschen Antisemitismus, Daniel Goldhagen – beharren darauf, daß der Holocaust einzigartig sei und wir uns kein Bildnis machen dürfen. Das bedeutet: Die Erinnerung an seine Schrecken darf ethisch zu nichts anderem verwendet werden als dazu, sich selbst fortzuschreiben. Auslegungen, Darstellungen und Gedenkstunden sind suspekt; künstlerische Gestaltung ist unmöglich. Für die Kontextualisten, Erben der amerikanischen strukturalistisch-dekonstruktivistischen Foucault-Melange, stellt Erinnerung dagegen immer eine Interpretationsleistung dar, die sich aus den Ängsten und Absichten der Erinnernden unvermeidlich ständig neu erschafft. Novick beispielsweise zeichnet die Umformung der Bedeutung des Holocaust durch die amerikanischen Juden nach – ihren sozio-politischen Treck vom Konservativismus der McCarthy-Ära bis zur ethnischen »Identitätspolitik«, von Israels doppelter Identität als David gegenüber dem arabischen Goliath (und als Goliath gegenüber den Palästinensern) bis zum Auftauchen der Essentialisten in den achtziger Jahren.

Beide Seiten verfügen über kluge Kombattanten. Doch in ihren weniger großzügigen Momenten bezichtigen die Essentialisten die Kontextualisten, sie würden, verblendet vom jüdisch-amerikanischen Wohlstand, den fortdauernden, einzigartigen Haß gegen die Juden nicht mehr wahrnehmen. Und die Kontextualisten beschuldigen die Essentialisten, den Holocaust für ihre eigenen unschönen Zwecke zu benutzen – etwa zur Unterstützung der territorialen Ansprüche Israels, als

Warnung gegen die Assimilierungstendenzen der amerikanischen Juden oder zur Selbstbereicherung durch Holocaust-Reparationen. Dies nennt Finkelstein die »Holocaust-Industrie«. Novick hat sehr laut in dieser Manier argumentiert; bei Finkelstein drohen einem die Trommelfelle zu platzen. Dabei entkommen beide dem zentralen inneren Widerspruch des Kontextualismus nicht: Wenn man Interpretation nur durch die eigene Brille und zu eigenen Zwecken leisten kann, warum werden beide dann so böse, wenn die Essentialisten das tun? Sobald die Kontextualisten sagen, daß man den Holocaust nicht »benutzen« darf, um Geld für jüdische oder andere Zwecke zu sammeln, sind sie auch schon im Lager der Essentialisten gelandet.

Aus diesem ganzen intellektuellen Geschrei lernt man wenig über den Holocaust, die Wiedergutmachungszahlungen oder Deutschland, dafür aber viel über den inneren Zustand des amerikanischen Judentums; jeder gute Kontextualist wie Finkelstein weiß das. Was dabei in Deutschland unangenehm antisemitisch herüberkommt, klingt in den USA nicht ganz so schlimm. Dort blasen nicht die »Weisen von Zion« zum Angriff, sondern ein respektierter Jude greift einen anderen an – innerhalb einer vielschichtigen und einflußreichen jüdischen Gemeinde. So gesehen spiegelt die Debatte die Normalisierung der jüdischen Präsenz in den Vereinigten Staaten wieder: Zumindest einige von uns glauben, daß nicht gleich ein Pogrom folgt, wenn man Juden böse Dinge vorwirft, selbst wenn Nichtjuden es mitbekommen. Und dennoch war der US-Presse unwohl. Der *New York Times* mißfielen

Novicks Zynismus und sein flapsiger Ton. Finkelsteins Buch nannte sie eine »Perversion«, »pubertär«, »selbstgerecht« und »dumm«. Viele jüdische und nicht-jüdische Beobachter fürchten, daß Finkelsteins Angriffe auf jüdische Organisationen und Einzelpersonen den Antisemiten Munition liefern werden, deren einzigartiger Haß fortdauert. Das Erbe dieses Hasses und die Angst vor seinem Wiedererstarken machen die Juden selbst in den USA zu einem unbehaglichen Ausnahmefall. Finkelsteins Buch ist eine anschauliche Fallstudie für diese jüdisch-amerikanische Mischung aus Selbstbewußtsein und Ängsten.

Finkelstein bringt einige vernünftige Argumente; er fordert etwa, daß Stiftungen ihre Mittel, von denen er ironischerweise findet, daß sie gar nicht erst hätten gesammelt werden dürfen, rasch an die Holocaust-Überlebenden verteilen; er erinnert daran, daß die USA jüdische Flüchtlinge ebenso zurückgewiesen haben wie die Schweiz; oder daran, daß amerikanische und israelische Banken noch immer Eigentumswerte europäischer Juden zurückhalten. Aber das sind Gründe, diese Banken unter Druck zu setzen, nicht, die Verhandlungen mit der Schweiz oder der deutschen Wirtschaft über die Zwangsarbeiterentschädigungen ab-zubrechen (die im wesentlichen armen, älteren Nicht-Juden in Osteuropa zugute kommen werden). Kurz, Finkelsteins Forderungen lassen sich erfüllen. Warum also hebt er zu so einem hitzigen »J'accuse« an?

Er könnte dem Anspruch der Essentialisten auf die Einzigartigkeit des Holocaust überzeugend entgegentreten, ohne sie für dessen Mythologisierung grün und blau zu prügeln – zumal Gruppen immer dazu neigen, ihr Märtyrertum zu mythologisieren; jeder gute Kontextualist wie Finkelstein weiß das. Und sie tun es aus eben den Gründen, die Finkelstein heruntermacht: zur Identitätsbildung und um territoriale, finanzielle und politische Ansprüche zu rechtfertigen. Die meisten Religionsgemeinschaften haben so funktioniert, die Katholiken waren besonders effektiv. Finkelstein hätte die Musealisierung des Holocaust und des jüdischen Lebens im Vorkriegseuropa in Frage stellen können, ohne auch noch die Verwendung von Reparationen zum Aufbau lebendiger jüdischer Gemeinden zu denunzieren. Warum beschimpft er die amerikanischen Juden dafür, den Holocaust zu einer Geldfrage gemacht zu haben, wenn er selbst in seinem Buch nicht darüber hinausgeht?

The Holocaust Industry beschäftigt sich im Grunde mit der Buchhaltung jener Mittel, die Finkelstein den Überlebenden des Holocaust, ihren Erben oder jüdischen Organisationen nicht zugesteht. Er beharrt darauf, daß sie schon zu viel bekommen haben. Es war wirklich mutig von ihm, das aufzuschreiben, wo es doch beim Lesen so müde macht, und das Kreuz des Holocaust-Buchhalters auf sich zu nehmen – oder des Holocaust-Knauserers. Man versteht ein wenig, was ihn dazu getrieben hat, wenn er beschreibt, wie seine Eltern das Warschauer Ghetto und die Konzentrationslager überlebt haben und seine Mutter trotzdem nur 3500 Dollar Entschädigung bekam. Andere, die weniger gelitten haben, schreibt er, hätten Renten auf Lebenszeit erhalten. Saul Kagan, Geschäftsführer der

Holocaust Claims Conference, verdiene in zwölf Tagen mehr, als Finkelsteins Mutter für sechs Jahre Nazi-Horror erhalten habe. Elie Wiesel erhalte Vortragshonorare von 25 000 Dollar, dazu einen Wagen mit Chauffeur. Sollen wir jetzt Finkelstein fragen, was er verdient? Was hat ihn zu so platten Einlassungen getrieben?

Der Neid war es nicht, selbst seine Gegner haben ihm das nicht vorgeworfen. Die Frage führt uns zurück zur Falle des Besonders-sein-Wollens. Die Juden wie die Deutschen sind mit dem Holocaust intim, weil er uns besonders macht. Ohne ihn wären die Deutschen nur Europas Großindustrielle und die amerikanischen Juden nur ein Teil der höheren amerikanischen Berufsstände. Er aber garantiert uns beiden eine glitzernde Rolle im Drama der Geschichte. Die Essentialisten wollen besonders sein, also entdecken sie immer neue Überlebende, damit die Show weitergeht. Die Kontextualisten wollen auch besonders sein, sind sich aber der widersprüchlichen Stellung bewußt, die ihr Begehr in der jüdischen Geschichte hat. Wie alle Juden wollen sie unter anderem deshalb besonders sein, damit niemand Gründe findet, sie vom gesellschaftlichen Leben auszusperren. Das ist immer die Überlebensstrategie der europäischen wie der amerikanischen Juden gewesen. Und dennoch ist ihnen die Falle des »Besonderheits-Podests« sehr wohl bewußt: Je höher man sich stellt, desto leichter fällt man.

So denken zunächst einmal – wie unbewußt auch immer – die Unterdrücker: Die verachtete Gruppe hat sich perfekt und ehrenhaft zu betragen und darf nie aufbegehren, wenn sie an den Gütern der Gesellschaft teilhaben wollen. Unter diesem Druck wird jeder kleine Ausrutscher zum Vorwand, die Vorurteile aufrechtzuerhalten: Siehst du! Ich habe schon immer gewußt, daß die Iren Säufer/die Italiener Gauner/die Schwarzen faul/ die Deutschen Faschisten/die Juden geldgierig sind. Um dieses Spiel gewinnen zu können, muß die verachtete Gruppe perfekt sein – ein Benjamin Disraeli an Königin Victorias Hof. Jedes Mitglied der Gruppe aber, das scheitert, schadet dem ganzen Stamm. Unausweichlich internalisiert die verachtete Gruppe diese Norm und verlangt von ihren Angehörigen makellose Führung. Wenn bei der republikanischen Partei Amerikas die Korruption überhandzunehmen scheint, rufen wir: Ach, Politiker sind eben so. Aber wenn jüdische Buchhalter nicht richtig rechnen, glauben die Juden selber, daß sie rausgeschmissen gehören.

Die Kontextualisten wissen, daß sie in diesem Rahmen, diesem Kontext leben. Und daher wollen auch sie nicht zu sichtbar, zu mächtig werden, das könnte bedrohlich auf die nichtjüdische Mehrheit wirken und ist also gefährlich für die Juden. Aus der Besonderheit des Märtyrertums territoriales, finanzielles oder politisches Kapital zu schlagen, fällt ihnen zum Beispiel weniger leicht als den Katholiken. Finkelstein schreibt offen von seiner Angst, eine Raffzahn-Mentalität im Umgang mit Entschädigungszahlungen könne einen neuen Antisemitismus heraufbeschwören. Daß Al Gore sich mit Senator Lieberman einen gläubigen Juden als Kandidat für die Vizepräsidentschaft ausgesucht hat, führt zu einem ähnlichen Gemisch aus jüdischem Stolz und jüdischer Angst.

Im Grunde ist Finkelsteins Buch eine Pirouette in jenem nervösen jüdisch-amerikanischen Tanz, den wir in New York heute tanzen: den des »Besonders-Sichtbar-Erfolgreich-Seins« mit der Angst, uns könnte all das um die Ohren fliegen. Finkelstein möchte wirklich besonders sein, nicht einer der vielen Überlebenden (was den Essentialisten genügen würde), sondern Teil einer kleinen Elite »wahrhaft« Leidender (in die man ihn bereitwilliger aufnehmen würde, hätte er sich die Aufnahmeregeln nicht selbst auf den Leib zugeschnitten). Ironischerweise hat gerade sein Drang, besonders zu sein, Finkelstein zum Buchhalter gemacht. Gleichzeitig fürchtet er so sehr, die jüdischen Ansprüche auf Entschädigungen könnten einen neuen Antisemitismus entfachen, daß er die Juden sicherheitshalber als erster und am lautesten denunziert. Er weiß, daß ihn das nicht retten würde: Den nächsten Nazis wäre das so egal wie denen von damals. Aus dem jüdischen Dilemma gibt es keinen Ausweg. Selbst in Amerika nicht, allem Erfolg zum Trotz. Bis heute.

Quelle: Süddeutsche Zeitung, 22. August 2000
Deutsch von Robin Detje

Natan Sznaider

Wahl der Waffen

Norman Finkelstein und das
Einrennen offener Türen

Norman Finkelstein hat ein gutes und originelles Buch geschrieben, *The Holoaust Industry:* Das Problem ist nur, daß die originellen Teile nicht gut sind, und die guten nicht originell.

Leser, die die Welt als eine große Konspiration verstehen, können sich auf das Buch freuen. Finstere Kräfte sind da am Werk. Daß die finsteren Kräfte diesmal finstere jüdische Kräfte sind, ist auch nichts Neues. Daß diese finsteren jüdischen Kräfte den Holocaust für ihre eigene Macht und ihren Profit ausbeuten, wird für hartnäckige Surfer bestimmter Internetseiten auch schon ein alter Hut sein. Nur ist der Autor diesmal Jude, Kind von Holocaust-Überlebenden und gehört der alten amerikanischen Linken an. Das macht ihn wahrscheinlich glaubwürdiger als die berüchtigten Internetseiten.

Finkelstein beschäftigt sich nicht mit dem Holocaust; vielmehr ist er an dessen ideologischer Repräsentation interessiert, welche er HOLOCAUST [zur Schreibweise s. Anm. auf S. 16; d. Hg.] nennt. Hier knüpft er an Peter Novicks *The Holocaust in American Life* an; Finkelstein benutzt dessen Thesen. Novicks Buch ist aus-

82

gewogener und weniger schrill, aber es gibt viele
Gemeinsamkeiten. Eng an Novick angelehnt, analysiert
Finkelstein, wie der HOLOCAUST zum Träger der jüdischen Identitätspolitik in den USA wurde, und kommt zu
dem anscheinend paradoxen Ergebnis, daß Juden ihren
Opferstatus in einer Zeit kultivierten, in der der Antisemitismus eine immer geringere Rolle spielte. Sowohl
Novick als auch Finkelstein sehen im HOLOCAUST
eine ideologische Waffe amerikanischer Juden, jegliche
Kritik an Israel als unverantwortlich zu brandmarken.
Das mag in manchen Fällen auch wirklich zutreffen,
aber Finkelstein, wie fast überall in seinem Buch,
schießt am Ziel vorbei.

Es stimmt, daß viele im amerikanisch-jüdischen
Establishment darauf bestehen, daß der Mord an den
Juden »einzigartig« in der Geschichte sei, und daß diese
Tatsache diejenigen stört, die diesen Mord aus morali-
schen und politischen Gründen universalisieren wollen.

Aber haben sie recht? Wie sieht das Verständnis des
Holocaust eigentlich aus? Für die Vergangenheit bleibt
der Mord an den Juden einzigartig, eine jüdische Katastrophe. Aber für die Zukunft stimmt das nicht mehr.
Jeder kann das Opfer des nächsten Holocausts werden.
Der »Erfolg« der amerikanischen Juden, dieses Ereignis
zum Zentralereignis der Geschichte zu machen, ja ihr
Leiden als das verkörperte Leiden der Menschheit zu
verstehen, hatte zum Ergebnis, daß immer mehr nicht-
jüdische Amerikaner dies auch so verstehen und dieses
Ereignis dann auf die Zukunft hin universalisieren.

Finkelstein erkennt das und erwähnt es auch am
Anfang seines Buches, aber die dunklen ideologischen

Wolken seiner Analyse versperren ihm das Verständnis dieser Einsicht. Der von ihm angegriffene Elie Wiesel verkörpert diese Zweischneidigkeit. Gerade Wiesel, der von Finkelstein dafür kritisiert wird, daß er auf der Einzigartigkeit des Holocausts bestehe, hat Präsident Clinton ständig gedrängt, doch in Bosnien und im Kosovo einzugreifen, um den nächsten Holocaust zu vermeiden.

Der partikularistische Holocaust-Diskurs der amerikanischen Juden wurde nach 1991 zum universalistischen Diskurs der Zeit nach dem Kalten Krieg. Und dies, ohne die Einzigartigkeit der jüdischen Opfer in der Vergangenheit zu relativieren. Man erinnere sich nur an den deutschen Historikerstreit, dessen Kombattanten diese Zweischneidigkeit nie begriffen haben. Die Universalisierung des an den Juden begangenen Mordes, eine von Finkelstein eingeforderte Position, ist daher auch durch die von ihm angegriffene Politik gerade erst möglich geworden. Kann man sich heute irgendeine militärische Intervention, ob moralisch gerechtfertigt oder nicht, ohne diese Prozesse vorstellen? Sind es nicht Traum und Hoffnung der Universalisierer, daß die moralischen »Lehren« des Holocausts nicht zu Leerformeln werden; daß also nicht alles umsonst war? Die von Finkelstein bewunderte Hannah Arendt wollte ja schon vor vielen Jahrzehnten, dass der Holocaust, als ein am jüdischen Körper begangenes Verbrechen an der Menschlichkeit, zum Maßstab für Gut und Böse wird. Finkelstein hat Schwierigkeiten zu verstehen, daß das schon eingetroffen ist.

Weiterhin entrüstet sich Finkelstein über diejenigen,

die den Holocaust mit Geld in Verbindung bringen. Hier spielt es natürlich eine Rolle, daß in Finkelsteins linkem Weltbild Geld und Kommerz des Teufels sind. Auf der einen Seite weigert er sich, die »Verheiligung« der Überlebenden zu akzeptieren. Andererseits beklagt er das durch die Anstrengungen von jüdischen Organisationen besudelte Andenken der Überlebenden, weil diese Anstrengungen mit Profit verbunden sind.

Aber sollte pietätvoller Respekt denn angemessener sein? Und wenn ja, warum? Wie andere auch spricht Finkelstein von der Verformung einer anscheinend »wahren« und »authentischen« Erinnerung, wobei er nie richtig erklärt, was eine wahrhaftige und unverformte Erinnerung zu einer solchen macht. Auf jeden Fall darf sie nicht mit Geld besudelt werden.

Nun sind es oft auch materielle Interessen, welche Heilige zu Menschen aus Fleisch und Blut machen. Auch hier versteht Finkelstein die Paradoxie seiner eigenen Argumente nicht. Er ist es, der die »Vermenschlichung« und »Entheiligung« der Überlebenden einfordert. Dies kann mit Geld und Entschädigung vonstatten gehen; und von der letzten Zwangsarbeiterentschädigung profitieren nicht nur Juden. Daß diese Entschädigung nur mit Hilfe von Anwälten erstritten werden kann, hat weniger mit der Ausbeutung jüdischen Leidens als mit der kapitalistischen Kultur der Vereinigten Staaten zu tun, wo solche Anwälte es verstehen, sich ihre »guten Taten« auch bezahlen zu lassen. Dies nur als Profitdenken abzutun, hat mehr mit dem reduzierten Weltbild Finkelsteins zu tun als mit der etwas komplizierteren Realität.

Aber die Araber

Finkelsteins Argumente sind ein Versuch der amerikanischen jüdischen Linken, ihre alte Rhetorik in das neue Zeitalter zu retten. Sie schlossen sich vom partikularistisch jüdischen Holocaust-Diskurs aus, indem sie auf seine Universalisierung pochten. In der Zeit, da der Holocaust nun wirklich universalisiert wird, möchten sie daran teilnehmen, indem sie ihre Begrifflichkeiten von »Macht« und »Interessen« ins Spiel bringen.

Auch in Israel, dem Land des partikularisierten Holocaust, ist das der Fall. Dort argumentieren »Neue Historiker«, daß der Holocaust auf Kosten der Araber instrumentalisiert wurde. Zunehmend sind viele Araber bereit, den Holocaust mit ihrer eigenen Katastrophe zu vergleichen. Neulich hat der orientalische Rabbiner Ovadia Josef mit seiner Behauptung erschüttert, die Opfer des Holocaust seien reinkarnierte Seelen von Sündern gewesen. Diese vormals vom Holocaust-Diskurs ausgeschlossenen Gruppen sehen sich heute gezwungen, diesen Diskurs für sich zu beanspruchen. Man kann dies als Erfolg der Universalisierung betrachten – wie auch Finkelsteins wirklich schlechtes Buch.

Angesichts des Themas des Buches kann man es letztendlich als viel Lärm um nichts klassifizieren. Aber es gibt uns Feuilletonisten Gelegenheit, unsere Federn zu wetzen und entrüstet zu sein. In den Worten von Roberto Benigni: Das Leben ist schön.

Quelle: Süddeutsche Zeitung, 24. August 2000

Jacob Heilbrunn

Deutsche gegen Deutsche

Schluß mit den Stellvertreterdebatten

Jude gegen Jude. Ich habe Ihre Aufmerksamkeit, stimmt's? *Jew versus Jew* ist der Titel eines neuen Buches, das mit der These vom vermeintlichen Bürgerkrieg zwischen orthodoxen und reformierten Juden in den Vereinigten Staaten für Wirbel sorgt. Das ist nicht gerade ein Thema, mit dem sich viele Deutsche für gewöhnlich beschäftigen. Doch kann mit diesem Titel vielleicht erklärt werden, wie so viele Debatten über den Holocaust in Deutschland geführt werden – mit Hilfe von Stellvertretern. Wie die Vereinigten Staaten nach dem Zweiten Weltkrieg Deutschland »amerikanisierten«, so haben sie auch die Debatte über den Holocaust amerikanisiert.

Wie auch nach dem Zweiten Weltkrieg konzentrierte sich die amerikanische Berichterstattung über Deutschland kurz nach der Wiedervereinigung auf die Frage, ob – ich zitiere aus einem berühmten Nachkriegsbuch – der Stechschritt wiederkehren werde. Amerikanische Journalisten eilten 1989 nach Deutschland, um herauszufinden, ob nun das Vierte Reich am Entstehen sei. Sie schauten sich nach ein paar Neonazis um und wurden äußerst entgegenkommend mit einem gewaltigen Spektakel bedacht – nämlich mit den Bilderbuchszenen von Skinheads und Neonazis, die Flüchtlingsunterkünfte in Rostock und Hoyerswerda in Brand steckten. Währenddessen stotterte das Außenministerium hilflos daher, daß die deutsche Demokratie nicht in Gefahr sei – worum es ja überhaupt nicht ging. Die Skinheads wurden für einige Zeit unter Kontrolle gebracht, und die amerikanischen Journalisten mußten nach der kleinen Aufregung wieder heimtrotten. Selbst damals wurde der jüdische Einfluss als ausschlaggebend empfunden, da es ja eine angebliche »Ostküstenelite« von Journalisten war, die den deutschen Namen in den Schmutz zog. Es ist unwichtig, daß das gar nicht stimmte, denn die Deutschen glaubten, es sei so – und das ist entscheidend. Jedenfalls konzentrieren sich die Amerikaner seitdem auf das Wesentliche. Interessant wurde es schon in den siebziger Jahren mit der Fernsehserie *Holocaust*; aber nach 1989 war der Holocaust endgültig »in«. *Schindler's Liste* und Daniel Goldhagens *Hitlers willige Vollstrecker* waren die größten Hits. Schon in Ordnung. Wenn sich die Amerikaner schon mal für ein historisches Geschehen interessieren, zumal eines, das außerhalb ihrer Grenzen stattfand, sollte man das nicht verachten.

Aber Deutschland ist anders. Hier wurde Geschichte schon immer auf eine ganz andere Art ernstgenommen als in den Vereinigten Staaten. Die »Weltfremdheit« – in den geschäftigen, industriellen Vereinigten Staaten verachtet – war im Deutschland des 19. Jahrhunderts ein angesehener Begriff. Man denke nur an die Ehrfurcht vor Theodor Mommsen, wenn er mit der Straßenbahn durch Berlin fuhr; oder an Lord Palmerstons Kommentar, Deutschland sei »dieses verdammte Land der Professoren«. Deutsche Historiker sind keine Faulpelze. Monographien werden veröffentlicht, die Bücher stapeln sich, Institute werden gegründet und Lesungen gehalten.

Aber irgendetwas fehlt. Die wichtigste Frage bei der Untersuchung des Holocausts ist doch: Wo sei ihr gewesen, liebe Leute? Es war nicht immer so, und vielleicht liegt ein Grund für das jetzige Schweigen darin, daß beim Historikerstreit in den 80ern es so war, daß der gute Ruf von manchen Beteiligten ruiniert wurde. Meinungsführer bekommen Angst, Meinungen zu haben. Der Krieg um den Holocaust – und es ist ein Krieg geworden – scheint größtenteils auf amerikanischem Territorium ausgetragen zu werden und wird dann nach Deutschland exportiert, wo die Feuilletons das Ganze mit ein paar Polemiken und vielen düsteren Essays auffüllen. Die Debatten, die in Deutschland selbst stattfinden, etwa jene über die Preisverleihung an Ernst Nolte oder über die Rede von Sloterdijk, sind ziemlich vorsichtige Geschichten und ohne viel intellektuelles Gewicht; und fraglos ist das akademische Niveau in Deutschland heute niedriger als in den USA. Ein richtiger Waffengang scheint erst dann stattzufinden, wenn die Vereinigten Staaten die Diskussion begonnen und mit einem ordentlichen Gütesiegel versehen haben – dann kann man frei mit Anschuldigungen über Geld um sich werfen, über Opferzahlen, Überlebende, über deutsche Schuld, deutsche Verantwortung, deutsche Ausreden, deutsche Mordlust, deutsche Jugend. Selbst

wenn einmal eine Debatte auf deutschem Boden aus-
bricht wie etwa die Walser-Affäre – und in Deutschland
wird aus einer Debatte immer gleich eine Affäre oder
ein »Fall« –, dann werden Amerikaner zu Richtern be-
stellt.

Wieso beispielsweise hat man letztes Jahr ausgerechnet Fritz Stern mit dem Friedenspreis ausgezeichnet?
Natürlich hat er den Preis verdient. Aber das war wahrscheinlich nicht der wahre Grund, warum er gerade in
diesem Jahr ausgewählt wurde. In der Tat beantwortet
sich diese Frage von selbst: Als ein amerikanischer
Jude, der ins Exil getrieben wurde, besaß er die nötige
Autorität, um der deutschen Demokratie seinen Segen
zu erteilen. Das soll kein Angriff auf seine Rede sein,
aber die Wahrheit ist, daß sie, so würdevoll sie auch
war, nicht viel Neues beinhaltete. Im Gefolge der Walser-Affäre wurde Fritz Stern in die Schußlinie gescho-
ben. Seine Anwesenheit sollte die erregten Gemüter
beruhigen, sollte zeigen, daß die Deutschen nicht hoffnungslos rückschrittlich, sondern aufgeklärte »Weltbür-
ger« seien.

Die Affäre um Walser, nicht seine Rede, ist sympto-
matisch dafür, wie in Deutschland Debatten über den
Holocaust geführt werden: nämlich unehrlich. Diese
Unehrlichkeit liegt nicht in einer absichtlichen Verzer-
rung der Fakten, sondern im exakten Gegenteil: in der
Weigerung, sie so vorzutragen, wie man sie wirklich
sieht. Ein solches Verhalten ist das direkte Erbe der
Konsensdemokratie der Bonner Republik: Da schloß
man die Öffentlichkeit bevorzugt aus, mißtraute ihr, da
sollten elitäre Politiker miteinander verhandeln und sich

im Stillen um das öffentliche Wohl kümmern. Eine nicht unbedeutende Zahl deutscher Intellektueller steckt bis heute in diesem geistigen Gefängnis.

Man denke nur an die Rolle des FAZ-Herausgebers Frank Schirrmacher in der Walser-Debatte: Selbst ein begabter Schreiber wie er hat sich ja praktisch zu einer Brezel verdreht, um in seiner Einleitung zur Buchausgabe der Walser-Rede so zu tun, als stünde er nicht wirklich auf dessen Seite, oder zumindest nicht völlig; und als Bubis Walser angriff, wollte er die Rolle des ehrlichen Maklers spielen. Es war Bubis mit seiner üblichen Ungeduld bei filigraner Rhetorik, der die Dinge beim Namen nannte. Insofern war Walser eigentlich ein passender Gegner, hatte er doch eine gute Vorlage geliefert. Trotz aller Schwächen hatte und hat Walser wenigstens den Mut, seine Ansichten auszusprechen. In seinem wunderbaren Roman *Ehen in Philippsburg* wird seine Verachtung für das bourgeoise Gejammere Westdeutschlands von Anfang an deutlich und laut. Wenn er wirklich glaubt, daß die Juden Deutschland ausplündern, dann ist es doch wirklich besser, daß er das herausbrüllt, anstatt knurrend umherzulaufen. Aber was ist mit all den Menschen im Publikum, die ihm stehend Beifall klatschten – und im nächsten Jahr genauso für Fritz Stern: Haben sie sich die Reden, die sich völlig widersprachen, angehört? Oder sind sie gnadenlose Heuchler?

Jetzt hat der prahlerische Norman Finkelstein die Bühne betreten und eine neue Debatte in Deutschland entfacht. Es ist einigermaßen erstaunlich zu sehen, wie leicht die Deutschen in die Falle gelaufen sind und nun so aufgeregt über eine schwache Polemik diskutieren, die in den USA ziemlich gleichgültig aufgenommen wurde. Finkelstein gibt sich als Anti-Goldhagen und hat damit in Deutschland einen Nerv getroffen – denn er hat praktisch die Erlaubnis erteilt, über etwas zu diskutieren, das anscheinend in einigen, wenn nicht sogar in vielen Köpfen herumspukt. Rein nach seinem Unterhaltungswert ist Finkelstein unschlagbar. Ein amerikanischer Jude, der Reparationszahlungen und die Ausbeutung des Holocausts als Stützpfeiler Israels anprangert – das muß besser sein als ein Porno. Der zentrale Punkt ist aber nicht, ob Finkelsteins Thesen richtig sind oder falsch, sondern daß es einen amerikanischen Juden braucht, um eine Debatte in Deutschland loszutreten.

Wann wird es endlich heißen: Deutscher gegen Deutschen?

Quelle: Süddeutsche Zeitung, 26. August 2000

Eva Schweitzer

Auf der schwarzen Liste

Norman Finkelsteins Buch über die
»Holocaust-Industrie« hat in den USA
ein rätselhaftes Medienecho

Marcia Kramer war auf dem Weg zu Norman Finkelstein, als sie verschwand. Die New Yorker Fernsehjour-
nalistin wollte für CBS eine Story über Finkelsteins
Buch *The Holocaust Industry* drehen, aber sie tauchte
niemals an der Wohnungstür des US-Politologen auf –
obwohl sie eine Viertelstunde zuvor den Termin bestätigt hatte. Keine Erklärung, keine Entschuldigung, auch
auf Anrufe reagierte sie nicht. Das Buch, das in europäischen Medien seit Wochen Aufmerksamkeit erregt,
stößt in den USA auf eine Mauer des Schweigens. Das
ist umso verwunderlicher, als ansonsten die entlegen-
sten Themen mit Holocaust-Bezug Beachtung in US-
Zeitungen finden. Nun geht allerdings Finkelstein mit
den amerikanischen jüdischen Organisationen, allen
voran der Jewish Claims Conference (JCC) und dem
World Jewish Congress, hart ins Gericht. Zudem nennt
er den Vietnamkrieg, den Völkermord an den Indianern
und die Sklaverei in den USA in einem Atemzug mit NS-
Untaten. Und: Er wirft den jüdischen Organisationen
vor, sie lieferten dadurch, daß sie den Holocaust der
Nazis zum historisch einmaligen Verbrechen erklärten,
die Legitimation für die US-Regierung, ihre eigenen

93

Verbrechen gegen die Menschlichkeit herunterzuspielen.

Verso, ein kleiner linker Verlag, der *The Holocaust Industry* herausgibt, erlebt die merkwürdigste Rezeption eines Buches in der Verlagsgeschichte. »Wir hatten feste Zusagen, daß das Buch rezensiert werde, und plötzlich waren die Journalisten nicht mehr zu sprechen«, berichtet eine Verso-Mitarbeiterin. »Ein Redakteur sagte mir, er werde das Buch nicht einmal mit einem Schürhaken berühren – das gebe zu viel Ärger.«

Talk, ein Disney-eigenes Magazin unter der Leitung der früheren New Yorker-Chefredakteurin Tina Brown, interviewte Finkelstein mehrere Stunden lang, ohne daß eine Geschichte erschien. Das Nachrichtenprogramm C-SPAN, vergleichbar dem Offenen Kanal, kippte eine zugesagte Live-Sendung. Bei der *Los Angeles Times* hieß es, man beabsichtige eine Besprechung, erschienen ist bisher nichts. Auch die *Washington Post* schweigt bisher, und nicht einmal der *Forward,* die einflußreichste jüdische Stimme der USA, ging über eine kurze Erwähnung hinaus. *Forward*-Chefredakteur J. J. Goldberg sagte auf Nachfrage, er kenne das Buch nicht und könne sich daher auch nicht dazu auslassen.

Wer bisher allerdings reagierte, war – neben einigen wenigen kleineren Publikationsorganen wie die *New York Press* und die deutsch-jüdische Wochenzeitung *Aufbau* – die *New York Times.* Die einflußreichste amerikanische Tageszeitung verriß das Buch in ihrer sonntäglichen Rezensionsbeilage. Gastautor Omer Bartov, eigentlich ein Militärhistoriker, schrieb, das Buch gebe die Sicht eines »ideologischen Fanatikers auf den

Opportunismus anderer Leute« wieder, wobei der Schreiber »so rücksichtslos in seinen Attacken« sei, daß er seine eigenen Feinde – die Bastionen des westlichen Kapitalismus – verteidige, nämlich Schweizer Banken und deutsche Konzerne. Zwar hätte die zunehmende Wahrnehmung des Völkermordes der Nazis an den Juden tatsächlich den Weg für viele Ausbeuter und Gelegenheits-Opportunisten geebnet, und Finkelsteins Theorie enthalte – wie jede Verschwörungstheorie – einige Körner Wahrheit. Jedoch eine internationale jüdische Konspiration zu vermuten grenze an Paranoia und bediene Antisemiten in der ganzen Welt mehr als die überzogenen Gebühren von amerikanischen Rechtsanwälten.

Anders reagierte Großbritannien, wo das Buch im Juli vorgestellt wurde. Hier war Finkelstein wochenlang auf den Titelseiten der großen Zeitungen, die BBC und andere Sender interviewten ihn – und damit war die Geschichte im Internet für jeden Amerikaner nachlesbar. Dazu kam, daß der britische *Economist,* der in den USA verbreitet ist, eine positive Besprechung brachte. »Wenn das Buch nicht die außerordentliche Aufnahme in England gefunden hätte, wäre es in den USA wahrscheinlich überhaupt nicht erwähnt worden«, glaubt der Sprachwissenschaftler und Medienkritiker Noam Chomsky. »Nachdem diese Strategie nun nicht mehr funktionieren konnte, gab es eine ›backup procedure‹, einen Reserveplan. Hierbei spielte die *Times* die Rolle des Türstehers, indem sie das Buch zwar rezensierte, aber so, daß Bibliotheken signalisiert wurde, es nicht zu kaufen, und der übrigen Presse, es zu ignorieren.«

Der entscheidende Satz in der *Times* war, das Buch erinnere an klassische antisemitische Publikationen wie *Die Protokolle der Weisen von Zion* – damit steht es praktisch auf der schwarzen Liste.

Aber erstaunlicherweise verkauft sich das Buch gut: Rund 20 000 Exemplare hat Verso bisher abgesetzt, das Gros in den USA, Übersetzungsrechte für sechs Länder wurden verkauft, in der Bundesrepublik wird Piper es herausbringen. Alissa Kaplan, Sprecherin der Jewish Claims Conference in New York, findet denn auch, daß Finkelstein eher zuviel Publicity habe, insbesondere in Deutschland, was sie für »beunruhigend« hält: »Viele Fakten sind falsch, und Finkelstein ist kein angesehener Wissenschaftler.« Tatsächlich steht der Politologe, dessen Eltern Auschwitz und Majdanek überlebt haben, weit links vom Mainstream der USA. Die JCC hat eine sechsseitige Erwiderung formuliert, die allerdings nicht breit als Pressemitteilung versandt wurde, sondern nur auf Anfrage erhältlich ist.

Finkelstein selbst ist der Ansicht, daß die in den USA herrschende »Holocaust Correctness« es verbiete, das Buch zu rezensieren. Die Amerikaner und die dortigen jüdischen Organisationen sähen die Debatte in Deutschland vor allem deshalb mit Besorgnis, weil sie damit die Kontrolle über den politischen Diskurs über den Holocaust zu verlieren drohten. »Dabei verstehen sie gar nicht, was im Deutschland von heute vor sich geht. Denn die jüdischen Organisationen glauben wiederum, Deutschland sei so, wie die amerikanische Presse es schildere.«

Es liegt nahe, die Behandlung des Buches in den USA

darauf zurückzuführen, daß viele US-Medien – Disney, CBS, die *New York Times* oder die *Washington Post* – jüdische Chefredakteure oder Geschäftsführer haben. Aber dies sei zu simpel gedacht, meint Noam Chomsky. »Die Rolle der sogenannten jüdischen Lobby wird überschätzt«, sagt er. Man müsse den gesamtgesellschaftlichen Zusammenhang erkennen. In dem Buch wird thematisiert, daß Holocaust-Opfer ihr Geld auch bei US-Banken deponiert hatten, bislang wurde nichts davon zurückgegeben. Würde das breiter bekannt, stünden nicht nur einige Milliarden Dollar zur Disposition – die USA verlören auch ihre moralische Überlegenheit.

Aber während die Massenmedien in den USA schweigen, tobt der Kampf hinter den Kulissen umso heftiger. Finkelstein erhält Dutzende von E-Mails am Tag. US-Wissenschaftler und Vertreter jüdischer Organisationen stehen Schlange bei deutschen Medien, das Buch kritisieren zu dürfen. Auch das war der *New York Times* bisher keine Zeile wert – *Times*-Korrespondent Roger Cohen erwähnte gestern einzig in einem Nebensatz eine »konservative intellektuelle Aufregung über etwas, was diese Leute für eine Amerika-dominierte Holocaust-Industrie halten«, ohne zu erwähnen, daß es ein Buch gleichen Namens gibt, das die Debatte ausgelöst hat. Nun berichten amerikanische Medien oft ohnehin mit Verspätung und sehr selektiv über Europa. Die Nachricht über Kostensteigerungen bei den Berliner Holocaust-Gedenkstätten etwa brauchte Monate, bis sie über den Atlantik wanderte.

Und daß auch die Kirchen in Deutschland Zwangsarbeiter beschäftigt haben, war überhaupt noch kein

Thema in den USA: Man könnte ja den amerikanischen Großkirchen zu nahe treten. Aus ähnlichen Gründen findet die Finkelstein-Debatte in den US-Medien nicht statt. »Das ganze Thema ist denen viel zu kompliziert und politisch zu gefährlich«, sagt *Aufbau*-Redakteur Andreas Mink.

Die Debattenkultur in Amerika wird sich allerdings ändern, und zwar durch das Internet. Bereits jetzt sind englische Medien genauso einfach zu rezipieren wie amerikanische. Die New Yorker *Village Voice* druckte vergangene Woche eine Adressenliste englischsprachiger Nachrichten-Websites, die in verschiedenen europäischen und asiatischen Ländern beheimatet sind. »Wer sich aus erster Hand informieren will und nicht auf die US-Medien angewiesen sein will, kann das tun«, lautete die Begründung.

Quelle: Berliner Zeitung, 28. August 2000

Leon de Winter

Der Groll des Sohnes

Bis vor wenigen Wochen gehörte Norman G. Finkelstein noch zu den relativ unbekannten Größen unter
den Holocaust-Historikern. Doch seit Erscheinen seines
Buchs *The Holocaust Industry* ist sein Name plötzlich
in aller Munde. Heller Aufregung in Großbritannien
folgte auch in Deutschland und den Niederlanden ein
enormer Presserummel um den Autor. Hauptaussage
seines Buchs: Der Holocaust wird von den Juden sowohl moralisch als auch finanziell in extremem Maße
ausgebeutet.

In zahlreichen Interviews, die niederländische Zeitungen mit ihm geführt haben, geht Finkelstein ausführlich auf Fragen zu seinem persönlichen Leben ein. Daraus lassen sich interessante Zusammenhänge ableiten,
die den theoretischen Kern seines Buchs ergänzen.

Norman G. Finkelstein ist Sohn von Maryla und Za-
charias Finkelstein, beide Überlebende des Warschauer
Ghettos und von Konzentrationslagern, sie von Majdanek, er von Auschwitz.

Im *NRC Handelsblad* schildert Finkelstein, wie seine
Eltern über die Kriegserlebnisse anderer Überlebender
sprachen: »Wir haben alle drei gelacht. Saßen am Tisch

und lachten über anderer Leute Kriegsgeschichten. ›Ich
habe den Aufstand in Auschwitz angeführt.‹ – ›Ich habe
den Aufstand in Sobibór angeführt.‹ – ›Ich habe Kinder
aus Europa herausgeschleust.‹«

Seine Mutter hat jahrelang böse Briefe an die Conference on Jewish Material Claims against Germany
geschickt, nachdem ihr Antrag auf Entschädigungslei-
stungen abgelehnt worden war. Finkelstein hat ihre
Briefe aufbewahrt – »einige Tragetaschen voll«, ver-
meldet der Reporter.

Der Vertrauensarzt (»wahrscheinlich ein jüdischer
Arzt«, verdeutlicht Finkelstein), der zu prüfen hatte, ob
seine Mutter für zusätzliche Entschädigungszahlungen
in Betracht kam, hatte die Meinung vertreten, daß sie
extrem hysterisch sei, »was jedoch nicht auf das Lager,
sondern auf Anpassungsschwierigkeiten in Amerika
zurückzuführen sei. Eine perfide Diagnose«, so Finkelsteins Urteil.

Einen der Briefe seiner Mutter liest er dem NRC Han-
delsblad-Reporter vor: »An Elie Wiesel und Konsorten.
Darf ich Ihnen etwas prophezeien? Nachfolgende
Generationen werden auf ein schmutziges Kapitel der
jüdischen Geschichte zurückblicken. Die amerikani-
schen Juden werden sich ihrer Wortführer nicht als
Judenrat erinnern, sondern als der berüchtigten ›Drei-
zehnten‹ des Warschauer Ghettos. Gezeichnet: Mary
Finkelstein, eine echte Überlebende von Warschau,
Auschwitz und Majdanek.«

»Dreizehnter« nannte man im Ghetto die Juden, die
Spitzeldienste für die Gestapo leisteten.

Das Wörtchen »echt« wird von Finkelstein näher

erläutert: »Echt. Denn alle anderen sind Betrüger. Sie hoffte, daß man sie irgendwann entlarven würde. Ich freue mich, daß ich zumindest in dieser Hinsicht mein Scherflein habe beitragen können.«

In einer anderen niederländischen Zeitung wird ein Tag aus dem Leben des Norman G. Finkelstein beschrieben. Er joggt allmorgendlich zwei Stunden am Strand von Coney Island und widmet sich hernach zu Hause in Gesellschaft seiner beiden Papageien dem Studium des Holocaust. Er ist nicht verheiratet, hat keine Kinder und keinerlei Bedürfnis zu verreisen, essen zu gehen oder sich einen Film im Kino anzusehen.

Über seine berufliche Position sagt Finkelstein: »Ich habe nie eine vernünftige Anstellung bekommen können. Ich bin Lektor am Hunter College, und das ist ungefähr so viel wie Fahrstuhlführer. Mein Einkommen liegt bei 15 000 bis 18 000 Dollar, also weit unter der Armutsgrenze.« Ein Journalist von *Het Parool* umschreibt Finkelsteins Arbeitgeber vorsichtig als: »Hunter College, Teil der nicht sonderlich angesehenen City University of New York.«

»Ein einziges Mal bin ich zu einem Vorstellungsgespräch eingeladen worden«, erzählt Finkelstein im *NRC-Handelsblad.* »Von der Universität San Francisco, einem kleinen Jesuitencollege. Nie ist ein Artikel von mir in irgendeiner wissenschaftlichen Zeitschrift veröffentlicht worden. Nie darf ich am Hunter College Vorlesungen über die Judenvernichtung halten.«

Als seinen Lehrmeister betrachtet Finkelstein Noam Chomsky, wie er ideologischer Querdenker jüdischer Abstammung, der hin und wieder revisionistischen

Historikern in die Hände arbeitet. Zu Hause fühlt er sich im ultralinken Umfeld seines britisch-amerikanischen Verlags Verso.

Das Herbstprogramm dieses Verlags – der sich auf seiner Web-Seite als »größter radikaler Verlag der englischsprachigen Welt« rühmt – setzt sich aus Titeln wie »Massen, Klassen und die öffentliche Sphäre«, »Abenteuer im Marxismus«, »Rentenmacht: Wie progressive Sozialfonds den Kapitalismus transformieren können« zusammen. Die Backlist dürfte den Salonrevoluzzer der sechziger Jahre mit wehmütigen Erinnerungen erfüllen: Adorno, Mandel, Marcuse.

Ehe Finkelstein neben seinem persönlichen auch sein berufliches Leben dem Holocaust widmen sollte, trat er als militanter Antizionist in Erscheinung. Die Ultralinke stand der palästinensischen Sache ja von jeher wohlwollend gegenüber, zumal der Zionismus nicht als nationale Befreiungsbewegung des Judentums, sondern als verlängerter Arm des westlichen Imperialismus betrachtet wurde. Auch im Umfeld von Verso denkt man da nicht anders.

Finkelstein zeigt dem Reporter vom »NRC Handelsblad« ein Foto von sich aus dem Jahr 1982. Darauf ist er bei einer Demonstration vor der israelischen Botschaft in Washington zu sehen. Er trägt ein Schild mit der Aufschrift: »Dieser Sohn Überlebender des Aufstands im Warschauer Ghetto & Auschwitz & Majdanek wird NICHT schweigen. Israel-Nazis – stoppt den Holocaust im Libanon!!!«

Wie viele andere aus der ultralinken Szene ist Finkelstein Anhänger verwickelter Verschwörungstheorien.

Im NRC *Handelsblad*-Interview sagt er: »1978 produzierte NBC den Fernseh-Mehrteiler *Holocaust.* Glauben Sie, das war Zufall, 1978? Gerade als in Camp David die Friedensverhandlungen zwischen Israel und Ägypten stattfanden?« Und im selben Interview sagt er: »Die Stille um mein Buch in den USA – wenn das keine Verschwörung ist, was dann?« Inzwischen wurde sein Buch in der *New York Times* besprochen.

Finkelstein vertritt die Auffassung, daß der Spielfilm *Schindlers Liste* Ergebnis einer Verschwörung zwischen der amerikanischen Regierung, den amerikanischen Juden und dem Großkapitalisten Steven Spielberg sei, mit dem Ziel, die internationale Meinung zugunsten der amerikanischen und israelischen Politik zu beeinflussen: »Nennen Sie mir einen besseren Grund«, wirft er dem Journalisten vom NRC *Handelsblad* zu.

Zielscheibe seiner Kritik sind vor allem die »jüdischen Eliten«, namentlich deren Vertreter Edgar Bronfman (»Edgar Bronfman besitzt einen Privatjet, behauptet aber, er benötige Geld für ›arme‹ Juden«) und Elie Wiesel.

In seinem Buch holt Finkelstein zu einer vernichtenden Attacke gegen Wiesel aus. Und das ist zugleich der emotionale und argumentative Höhepunkt von *The Holocaust Industry:* »Elie Wiesel entsinnt sich in seiner viel gepriesenen Autobiografie, daß er, achtzehnjährig und gerade aus Buchenwald befreit, die *Kritik der reinen Vernunft* – lachen Sie nicht! – auf Jiddisch gelesen habe. Abgesehen davon, daß Wiesel damals nach eigenem Bekunden über keinerlei grammatikalische Kenntnisse des Jiddischen verfügte, ist *Die Kritik der reinen Vernunft* nie ins Jiddische übersetzt worden.«

Nach Lektüre der Interviews mit Finkelstein wird klar ersichtlich, woher sein Denken rührt: Als Kind progressiv eingestellter Holocaust-Überlebender hat sich Finkelstein deren Wut über die Verfilzungen des jüdischen Großkapitals und die Indifferenz jüdischer Organisationen wie der Jewish Claims Conference zu eigen gemacht. Andere erhielten viel, seine Eltern wenig. Ihr Leid war begründet und wahr, das anderer übertrieben oder teilweise erlogen.

Die Schilderungen seiner Eltern von ihren Erfahrungen in der Hölle waren lauter und frei von Eigennutz, die der anderen opportunistisch und manipulativ. Wiesel ist reich und berühmt geworden und hat Vorträge gehalten, für die er hohe Honorare einstrich. Finkelsteins Mutter hielt mit ihrem Sohn zusammen in aller Armut unbedeutende kleine Vorlesungen am Brooklyn College.

»Sie hat dort über die Nazis und die Juden gesprochen, ich über die Israelis und die Palästinenser. Da lassen sich hübsche Parallelen ziehen«, erzählt Finkelstein dem *NRC Handelsblad.*

In Amsterdam findet alljährlich ein Treffen von Überlebenden des Holocaust statt. Das Besondere an dieser Zusammenkunft ist die Hierarchie des Leids, die von den Teilnehmern aufgestellt wird. Ganz unten in der Hackordnung stehen die, die einfach nur untergetaucht sind, die zwar verfolgt und gehetzt wurden, aber kein Lager von innen gesehen haben. Und obenan stehen die Überlebenden von Auschwitz, die mit einer gewissen Geringschätzung auf die »leichten« Schicksale anderer Überlebender herabblicken.

Innerhalb der Gruppe der Auschwitz-Überlebenden wiederum kabbelt man sich darum, in welcher Baracke denn wohl am meisten gelitten wurde. Es gibt also durchaus eine Rangordnung unter den Überlebenden. Leid und Leid werden miteinander verglichen. Auch Holocaust-Überlebenden ist nichts Menschliches fremd.

Aus dem, was Norman G. Finkelstein über seine Eltern erzählt, ist zu entnehmen, daß sie sich der Spitze der beschriebenen Hierarchie zugehörig wähnten, vom Rest der jüdischen Welt aber nicht in dieser Position anerkannt würden. Finkelsteins Eltern haben ihre bittere Enttäuschung darüber auf ihren Sohn übertragen.

So ist auch der radikale Einsiedler Finkelstein zum Opfer des Holocaust geworden. Er hat die äußere Erscheinung eines komplexen Phänomens aus dem Zusammenhang herausgelöst und seine bizarre Theorie über die durch eine Verschwörung zwischen amerikanischer Regierung, israelischer Regierung und dem World Jewish Congress gestützte Ausbeutung des Holocaust daraus zurechtgereimt.

Daß Antisemiten und Holocaust-Leugnern so etwas wie gerufen kommt (Finkelstein ist beim Institute for Historical Review, einem berüchtigten Club amerikanischer Holocaust-Leugner, und bei radikalen Palästinensern beliebt), scheint ihn nicht zu kümmern. Ihn leiten bei seiner Mission ausschließlich die Liebe zu seinen Eltern, die er verraten würde, wenn er anders über diese Materie denken würde, und seine marxistischen Überzeugungen.

Zweifellos gibt es Fälle, in denen jüdische Organisationen stärkeren Druck ausgeübt haben, als es der Sache angemessen gewesen wäre. Und vielleicht hatte Finkelsteins Mutter allen Grund zu grollen, weil ihr eine Entschädigung durchaus zugestanden hätte. Doch das erklärt bei weitem nicht das geballte Interesse der deutschen, niederländischen und britischen Presse an Finkelsteins kuriosem Buch, das im Grunde nichts als das obskure Produkt eines von Gefühlen geleiteten Extremisten ist.

Wichtiger als die Frage, ob die Thesen Finkelsteins in irgendeiner Weise stichhaltig sind, erscheint da wohl die Überlegung, warum sich die Welt seines von Frustrationen und Neurosen eingegebenen Buchs derartig annimmt.

Vermutlich hat er einem unschönen Gedanken Ausdruck verliehen, den so mancher Nichtjude insgeheim schon gehegt, aber nicht auszusprechen gewagt hat: Warum streichen die Juden so viele Jahre nach dem Ende des Zweiten Weltkriegs noch so viel Geld ein?

Im Anschluß an den Nachweis von Wiesels Fehlleistung in Bezug auf Kants *Kritik der reinen Vernunft* zitiert Finkelstein Wiesels eiserne Maxime: »Die Wahrheit, die ich aufzeige, ist die unverblümte Wahrheit. Ich kann nicht anders.«

An dieser Stelle angeführt, dienen Wiesels eigene Worte Finkelstein zu dessen Bloßstellung als Lügner.

Wenn Wiesel in diesem Punkt gelogen habe, müsse demzufolge alles von ihm Lüge sein, impliziert Finkelstein. Und daraus folgt für ihn: Wenn Wiesel ein Betrüger und seine Autobiografie nur mit Vorsicht zu genießen sei, dann seien auch die meisten anderen Zeugnisse über den Holocaust erstunken und erlogen. »Alle anderen sind Betrüger.« Darauf läuft die Argumentation in Finkelsteins Buch über die Holocaust-Industrie hinaus.

Wiesel hätte wohl sein Ansehen verloren, wenn der Molekularbiologe Iosif Vaisman nicht im Juliheft der Zeitschrift *Mendele: Forum for Yiddish Literature and Yiddish Language* über Kant geschrieben hätte. Demnach wurde die kantische Ethik mit umfassenden Auszügen aus der *Kritik der praktischen Vernunft* 1929 in Warschau von N. Sheynberg in jiddischer Übersetzung herausgegeben. Wiesel kann Kant also sehr wohl in Jiddisch gelesen haben.

Finkelstein zeigt nicht die unverblümte Wahrheit auf. Er kann nicht anders, weil er die radikalen Ansichten und Gefühle seiner verstorbenen Mutter rechtfertigen möchte. Daß er sich damit nicht etwa der Aufmerksamkeit eines guten Therapeuten versichert, sondern das Interesse der Weltpresse gefunden hat, ist schon eine reife Leistung.

Quelle: Der Spiegel Nr. 35, 28. August 2000

Slavoj Zizek

Du sollst dir Bilder machen!

Der Holocaust zwischen Schweigen
und Lachen

Warum nur legen die Historiker ein solch verzweifeltes Bedürfnis an den Tag, eine eindeutige Ursache des Holocaust zu identifizieren oder irgendeine Bedeutung in ihn hineinzulesen? Was sie wirklich fürchten, wenn sie nach irgendeiner »perversen« Pathologie in Hitlers Sexualleben suchen, ist, daß sie nichts finden werden – dass Hitler, im privaten und intimen Bereich, ein Mensch wie jede andere war. Ein derartiges Ergebnis macht seine monströsen Verbrechen umso entsetzlicher. Wenn sie versuchen, einen versteckten Sinn im Holocaust zu entdecken, ist es ihre Prämisse, daß alles (einschließlich der Feststellung, daß Gott selbst teuflisch ist) besser sei, als zu akzeptieren, daß sich eine ethische Katastrophe ohne einen Zweck ereignet haben könnte – als blinder Effekt.

Claude Lanzmans »Verbot«, nach den Ursachen des Holocaust zu fragen, wird oft mißverstanden: In der Tat besteht kein Widerspruch zwischen seinem Verbot des »Warum?« und seiner Behauptung, daß der Holocaust kein unlösbares Rätsel war. Die Wurzel seines Verbotes ist nicht jene des religiösen Verbotes, das Mysterium des Lebens und der Empfängnis zu erforschen; letzteres ist in dem Paradox des »Du solltest nicht, weil du nicht kannst!« gefangen – also das Unmögliche zu verbieten. Wenn etwa Katholiken fordern, daß man keine biogenetische Forschung betreiben sollte, weil die Menschheit nicht auf das Zusammenspiel zwischen Genen und Umwelt reduziert werden könne, dann liegt die Angst zugrunde: Triebe man die Erforschung bis zum Ende, würde man trotzdem das Unmögliche erreichen – man würde die besondere religiöse Dimension auf einen biologischen Mechanismus reduzieren. Im Gegensatz dazu verbietet Lanzman die Erforschung des Holocaust nicht, weil der Holocaust ein Mysterium ist. Der Grund ist vielmehr, daß es kein geheimes Mysterium des Holocaust gibt, kein Rätsel, das gelöst werden muß. Nachdem wir alle historischen Umstände des Holocaust untersucht haben, bleiben nur die Abgründe der Tat selbst: die der freien Entscheidung in ihrer ganzen Ungeheuerlichkeit.

Der traumatische Punkt

Die grundlegende Prämisse der akademischen Holocaust-Industrie, die Erhebung des Holocaust zum metaphysischen Bösen, apolitisch, unbegreifbar, nur durch respektvolles Schweigen zugänglich, muß deswegen nicht *prima facie* akzeptiert werden. Der Holocaust wird dabei als der ultimative traumatische Punkt begriffen, an dem objektives historisches Wissen angesichts eines einzelnen Zeugen seine Wertlosigkeit zugeben muß; und zugleich als Punkt, an dem die Zeugen sich selbst eingestehen müssen, daß das einzige, was sie teilen können, ihr Schweigen ist. Der Holocaust ist ein Mysterium, das Herz der Finsternis unserer Zivilisation; sein Enigma widersetzt sich dem Wissen und der Beschreibung, liegt jenseits des Historizismus. Der Holocaust kann nicht erklärt, vorgestellt oder übermittelt werden, weil er das Nichts markiert, die Implosion des (erzählbaren) Universums. So gleicht jeder Versuch, ihn in seinem Kontext zu lokalisieren, der antisemitischen Negation seiner Einzigartigkeit. Hier Elie Wiesels Version, die Standardversion: »Ein großer chassidischer Meister, der Rabbi von Kotsk, sagte gern: ›Es gibt Wahrheiten, die durch die Welt übermittelt werden können; es gibt tiefere Wahrheiten, die nur durch das Schweigen vermittelt werden können; und, auf einer anderen Ebene, gibt es jene, die nicht ausgedrückt werden können, nicht einmal durch das Schweigen.‹ Und doch müssen sie mitgeteilt werden. Jeder, der sich mit den Konzentrationslagern beschäftigt, wird mit jenem Dilemma konfrontiert: Wie kann man davon erzählen, wenn sich das Ereignis, im Ausmaß und der Schwere seines Schreckens, der Sprache entzieht?«

Kein Wunder also, daß die unerwartete Wahrheit dieser Erhebung des Holocaust zum unsagbaren Bösen die unerwartete Umkehrung zur Komödie ist: Wenn keine tragische Inszenierung dem Schrecken des Holocaust angemessen sein kann, ist der einzige Ausweg, sich der Komödie zuzuwenden, die wenigstens von vornherein ihre Unfähigkeit akzeptiert, den Schrecken wiederzugeben. Tatsächlich scheint es, als ob der Erfolg von Roberto Benignis *Das Leben ist schön* den Anfang

110

eines neuen Subgenres kennzeichnet, das noch vor einem Jahrzehnt unvorstellbar gewesen wäre: die Holocaust-Komödie. In *Das Leben ist schön* wird ein italienischer jüdischer Vater verhaftet und mit seinem Sohn nach Auschwitz geschickt; dort übernimmt er die verzweifelte Strategie, seinen Sohn vor dem Trauma zu schützen, indem er die Geschehnisse als inszenierten Wettbewerb präsentiert; wer die meisten Punkte macht, wird am Ende die Ankunft eines amerikanischen Panzers erleben. Das Problematische an diesem Film ist die allegorische Beziehung zwischen seiner Geschichte und der Weise, wie sich der Film an seine Zuschauer wendet: Behandelt nicht Benigni als Regisseur seine Zuschauer genauso wie Benigni als Vater, konstruiert einen fiktionalen Schutzschild, um die Realität des Lagers erträglich zu machen? Behandelt er also seine Zuschauer nicht wie Kinder, die vor dem Schrecken des Holocaust beschützt werden müssen – durch eine »verrückte«, sentimentale und lustige Geschichte, die die geschichtliche Realität des Holocaust erträglich macht?

Kein Wunder, daß Lanzmans *Shoah,* das Gegenstück zu *Das Leben ist schön,* als eine Art filmisches Äquivalent zum Über-Ich funktioniert. *Shoah* war in gewisser Weise dazu gemacht, nicht gesehen zu werden: Seine abschreckende Länge garantiert, daß die meisten Zuschauer – einschließlich jener, die den Film loben – ihn nie vollständig gesehen haben und sehen werden, wofür sie sich ewig schuldig fühlen werden. Diese Schuld dient als Äquivalent für unsere Schuld, niemals den ganzen Schrecken des Holocaust sehen zu können.

Auch muß man diese Länge zusammen mit der Tatsache sehen, daß sich *Shoah* als der ultimative, unübertroffene, unübertreffliche Film über den Holocaust darstellt; er läßt uns uns schuldig fühlen und wirft uns implizit nichts weniger als die Verachtung der Opfer vor, wenn uns andere Filme über den Holocaust gefallen – jene, die ihn als klassische Erzählung inszenieren: Man denke an Lanzmans Verachtung für Spielbergs *Schindlers Liste,* vergleichbar mit der Reaktion des eifersüchtigen Gottes des Alten Testaments.

Ist es nicht so, daß *Shoah,* dieses Paradox eines Dokumentarfilms mit der selbstauferlegten Beschränkung, kein dokumentarisches Filmmaterial zu verwenden, auf diese Weise alle Paradoxa des bilderstürmerischen Verbots verordnet, auf denen das Judentum basiert? »Du sollst Dir kein Bild machen ... denn Ich bin der Herr, dein Gott, ein eifersüchtiger Gott,« – Du sollst keine fiktionale Erzählung verfilmen oder anschauen oder irgendwelches dokumentarisches Filmmaterial über den Holocaust verwenden, denn ich, Lanzman, bin ein eifersüchtiger Autor.

Und wird diese Anmaßung nicht von der Tatsache untergraben, daß eine Hollywood-Produktion wie die Serie *Holocaust,* obwohl oder gerade weil sie kommerziell und melodramatisch ist, zweifellos mehr als *Shoah* dafür getan hat, das Bewußtsein für den Holocaust in weiten Kreisen der Bevölkerung zu erhöhen, vor allem in Deutschland? Eine nähere Untersuchung von *Shoah* müßte daran erinnern, daß sich die meisten Kritiker auf einige Szenen konzentrieren, etwa auf das Interview mit den alten Polen bei Auschwitz, die ihre antisemitische

Einstellung heute noch offen zeigen. Das Problem dieses Interviews ist die Prämisse, die Ursachen, die zum Holocaust geführt haben, seien noch heute lebendig. Aber bahnt diese Prämisse nicht der Gefahr den Weg, populäre antisemitische Ressentiments mit der unvergleichlich schrecklicheren, staatlich organisierten »Endlösung« der Nazis gleichzusetzen?

Die berechtigte, sogar notwendige Frage ist, ob eine derartige Entpolitisierung des Holocaust, seine Erhebung zum regelrecht erhabenen Bösen, zur unberührbaren Ausnahme außerhalb der Reichweite des »normalen« politischen Diskurses, nicht auch als politischer Akt einer vollkommen zynischen Manipulation fungieren kann; als politische Intervention mit dem Ziel, eine bestimmte Art hierarchischer politischer Beziehungen zu legitimieren. Erstens ist sie Teil der »postmodernen« Strategie der Entpolitisierung und der globalen Viktimisierung – Richard Rorty zufolge heißt menschlich sein, die Fähigkeit zu haben, verletzt werden zu können. Zweitens stuft sie Formen der Gewalt in der Dritten Welt, für die westliche Staaten (mit)verantwortlich sind, zu Nebensächlichkeiten im Vergleich zum absoluten Bösen des Holocaust herab. Drittens dient sie dazu, einen Schatten auf jedes radikale politische Projekt zu werfen, also das Denkverbot gegen jegliche radikalpolitische Einbildungskraft zu bekräftigen: »Bist du dir bewußt, daß dein Vorschlag zum Holocaust führt?«

Quelle: Süddeutsche Zeitung, 31. August 2000
Deutsch von Harald Staun

Rücksicht auf die Verbündeten

Raul Hilberg im Gespräch
mit Eva Schweitzer

Der amerikanische Politologe Raul Hilberg, Autor des dreibändigen Werks *Die Vernichtung der europäischen Juden,* ist einer der bedeutendsten Köpfe der Holocaust-Forschung. Hilberg, der als Junge mit seinen Eltern aus Österreich flüchten mußte, lebt heute in Vermont.

Herr Hilberg, Norman Finkelstein wirft den jüdischen Organisationen der USA, insbesondere der Jewish Claims Conference vor, sie erpressten Geld unter Berufung auf bedürftige Holocaust-Überlebende. Wird diese Kritik geteilt?
Finkelstein kritisiert die jüdischen Organisationen als Outsider. Es gibt aber auch konservative Juden, die sich gegen Entschädigungszahlungen wenden, und es wird auch kritisiert, daß das Geld nicht zuerst an Überlebende verteilt wird, wie etwa in *Commentary,* der Zeitschrift des American Jewish Committee. In der neuesten Ausgabe nennt Gabriel Schoenfeld die heutige Lage der Reparationen einen »wachsenden Skandal«.

Aber Finkelstein selbst gilt in den USA als Unperson.
Ja, denn es wird ihm vorgeworfen, daß er das Schicksal

der Juden mit dem der Palästinenser, die von den Israelis vertrieben wurden, vergleicht – das können die amerikanischen Juden nicht ertragen. Zum anderen hat Finkelstein – zusammen mit Ruth Bettina Birn – das Buch *Eine Nation auf dem Prüfstand* verfaßt, das Daniel Goldhagens Buch *Hitlers willige Vollstrecker* kritisiert. Goldhagen ist sehr populär in den USA, obwohl er sich, wissenschaftlich gesehen, auf dem Stand von 1946 befindet. Aber Goldhagen hat einem unterdrückten Ärger der amerikanischen Juden Ausdruck verliehen, der sich heutzutage gegen alle möglichen Staaten und Organisationen in Europa richtet.

Aber die Situation der amerikanischen Juden heute ist doch mit der damaligen in Europa gar nicht zu vergleichen.
Das stimmt. Die Jewish Community in den USA ist die erfolgreichste und wohlhabendste der Welt. Es gab schon vor etwa zehn Jahren 18 amerikanische Milliardäre, die Juden waren, und jetzt sind es weit mehr. Dazu gehört Edgar Bronfman, der Präsident des World Jewish Congress und einer der Hauptaktionäre des Seagram-Konzerns. Diese Leute könnten die Armut unter Holocaust-Überlebenden innerhalb einer Woche beseitigen.

Welche Bedeutung hat der Holocaust in den USA heute?
Es gibt in den USA viele Intellektuelle, die den Holocaust nutzen, um an Stellen in Museen oder Universitäten zu kommen. Es gab vor Jahrzehnten eine »German Studies Association«, eine Vereinigung amerikanischer

Forscher, die sich mit der deutschen Kultur beschäftigte. Aber die Studenten interessierten sich nicht für Nachkriegsdeutschland. Erst als der Holocaust als Studienobjekt entdeckt wurde – und das ist erst 15, 20 Jahre her –, blühte diese Association auf. Heute gibt es Hunderte von Holocaust-Kursen in den USA. Und wenn diese Forscher einen Lehrauftrag erhalten oder ein Buch verkaufen wollen, dann geht das am besten, wenn es um den Holocaust geht. Selbst bei Zeitungen ist das so. Wenn ich die Deutsche Welle anstelle, erlebe ich ein völlig anderes Deutschland, als wenn ich die *New York Times* lese.

Auch bei der Kampagne gegen die Schweizer Banken ginge es darum, Geld in US-Kassen zu schaufeln, meint Finkelstein.

Das Vorgehen des World Jewish Congress gegen die Schweiz war eigentlich ein Zusammenprall der amerikanischen Kultur mit der europäischen. Diese Class-Action-Suits, die Sammelklagen, mit denen der Schweiz gedroht wurde, gibt es in Europa nicht. Aber in den USA sind sie gang und gäbe, beispielsweise gegen die Zigarettenindustrie. Der World Jewish Congress und die Anwälte haben den Schweizer Bankern gesagt: Ihr könnt keine Geschäfte mehr in den USA machen, wenn ihr nicht 20 Milliarden Dollar zahlt. In den USA weiß man, daß das nur eine Einstiegsdrohung ist, aber die Schweizer waren geschockt.

Aber es gab doch tatsächlich Gelder auf eingefrorenen Konten, die Holocaust-Opfern gehört haben?

116

Aber keine 20 Milliarden Dollar. Die Juden in den 30er-Jahren waren arm. Unsere Familie gehörte zur Mittelschicht, aber wir hatten noch nicht einmal ein Konto in Österreich, geschweige denn eines in der Schweiz. Auf den meisten herrenlosen Konten lagerten höchstens einige tausend Franken. Denn die wirklich wohlhabenden Juden konnten sich entweder ins Ausland retten, oder ihre Erben haben die Gelder schon lange reklamiert.

Zu welchen Ergebnissen ist denn die sogenannte Volcker-Kommission gekommen, die zur Klärung eingesetzt wurde?
Der Wert der Konten in heutiger Kaufkraft liegt weit unter den 1,25 Milliarden Dollar, die die Banken zahlen. Dabei hat allein die Untersuchung mindestens 250 Millionen Dollar gekostet – da haben Buchhalter und Anwälte sehr viel verdient. Aber nachdem der Bericht der Volcker-Kommission veröffentlicht war, wäre es den Schweizern peinlich gewesen zu sagen, sie hätten zu viel bezahlt. Ich habe damals in drei Zeitungen gesagt, das war Erpressung: In der *Weltwoche* in Zürich, in der österreichischen Zeitschrift *Forum* und in der israelischen *Ha'aretz*. Und die Koalition der Kläger hat nicht versucht, mich zum Schweigen zu bringen. Die Leute fürchteten wohl, diesen Kampf könnten sie verlieren.

Aber der Hauptvorwurf von Finkelstein ist, das Geld sei bis heute nicht an die Kontoinhaber ausgezahlt worden, nicht einmal der Notfallfonds von 200 Millionen Dollar.
Es dauert eben lange, bis der Richter einen Beschluß

über die Verteilung der Gelder fassen kann. Das Geld soll zum einen an die Kontoinhaber beziehungsweise deren Erben gehen, ein weiterer Teil an Zwangsarbeiter, die bei Firmen beschäftigt waren, die Konten in der Schweiz hatten, und der vierte Teil an Flüchtlinge, die an der Grenze zurückgewiesen wurden. Im Detail ist das sehr schwer auszuarbeiten.

Und was bleibt bei den verschiedenen Organisationen?
Nach dem Abkommen mit den Banken soll eigentlich gar nichts an jüdische Organisationen für ihre eigenen Projekte gehen, aber sie stehen bereits Schlange, um Geld für Erziehungszwecke oder Gedenkstätten zu bekommen.

Warum gab es kein solches Vorgehen gegen amerikanische Banken, wo ebenfalls Gelder von Holocaust-Opfern lagern?
Das fängt jetzt erst an. Auch gegen israelische Banken wird geklagt. Aber in der Summe liegt dort vermutlich genauso wenig Geld wie bei den Schweizer Banken.

Warum werden diese Forderungen – auch die nach Zwangsarbeiter-Entschädigung – erst so spät gestellt?
Während des Kalten Krieges mußten die USA Rücksicht auf ihre Verbündeten nehmen. Deshalb wird etwa auch bis heute nicht die Frage aufgeworfen, wieweit die Türkei mit den Nazis kollaboriert hat, weil das wichtige Alliierte der USA und Israels sind. Aber in Europa können die jüdischen Organisationen jetzt Geld einsammeln, ohne die Sicherheit der USA zu gefährden. Was

ich interessant finde, ist, warum der World Jewish Congress bisher kaum Druck auf Österreich macht, obwohl führende Nazis und SS-Leute Österreicher waren, bis hin zu Hitler.

Und warum denn nicht?
Unmittelbar nach dem Krieg wollten die USA, daß die Russen aus Österreich abzogen, und die Russen wollten Österreich neutral halten, daher gab es ein gemeinsames Interesse, Österreich den Opferstatus zuzuerkennen. Und später konnte sich Österreich damit herausreden, daß es arm sei – dabei ist das Pro-Kopf-Einkommen dort genauso hoch wie in Deutschland. Aber vor allem funktioniert deren PR-Maschine besser. Österreich hat den Opernball, die Hofburg, Mozartkugeln, das mögen Amerikaner. Und sie investieren und verkaufen verhältnismäßig wenig in den USA und sind daher nicht erpreßbar. Inzwischen gibt es in Österreich eine Kommission, die den Verbleib jüdischen Vermögens untersuchen soll. Viktor Klima, der frühere Kanzler, hat mich gebeten, ihr beizutreten. Mein Vater hat im Ersten Weltkrieg in der österreichischen Armee gekämpft und wurde 1939 aus Österreich hinausgeworfen. Nach dem Krieg wurde ihm eine Entschädigung von zehn Dollar im Monat angeboten. Deshalb habe ich dem Klima gesagt, nein danke, davon würde mir übel.

Umstritten ist auch die Zahl der Holocaust-Überlebenden, weil die Entschädigungen auf dieser Basis berechnet werden.

Zunächst einmal ist es schwer zu definieren, was ein Holocaust-Überlebender ist. Jemand, der in Auschwitz war, zählt dazu, oder jemand, der sich im Wald verstekken mußte. Aber wer unerkannt in einem Pariser Apartment lebte oder mit einem Nicht-Juden verheiratet war? Oder jemand, der in die USA emigrieren konnte? Eher nicht.

Bei den letzten Verhandlungen ging es vor allem um jüdische Sklavenarbeiter. Die Jewish Claims Conference sagt, es hätten 400 000 Juden aus den KZs im Reichsgebiet überlebt und 300 000 in KZs in Osteuropa. Man beruft sich dort sogar auf ihr Buch.
Solche Ziffern habe ich nie dargeboten. In 1945 wurden viele Juden von einem Lager ins andere transportiert, dabei gab es verschiedene Lager, wie Bergen-Belsen und Mauthausen, aber auch kleine Zweigstellen wie beispielsweise Brünnlitz, wo Oskar Schindler seine Juden unterbrachte. Deshalb ist es unverantwortlich, gegenüber der Presse exakte Zahlen zu präsentieren.

Sie haben einmal gesagt, in der Holocaust-Debatte gibt es keine Qualitätskontrolle.
Das stimmt, insbesondere an mehreren der US-Elite-Universitäten. Nur so konnte Goldhagen einen Doktor in politischer Wissenschaft in Harvard machen, obwohl es niemanden in diesem Fachbereich gab, der seine Arbeit hätte überprüfen können.

Salomon Korn von der jüdischen Gemeinde zu Deutschland und Mitglied der JCC, sagt, das Problem sei nicht

120

Finkelsteins Thesen, sondern die Debatte in Deutschland darüber.

Es gibt in Deutschland ein Tabu: Deutsche können Juden nicht attackieren. Dafür wird es groß aufgemacht, wenn ein Jude einen anderen angreift. Aber erst, wenn dieses Tabu gebrochen ist, ist Deutschland wirklich emanzipiert.

Das Interview erschien, leicht gekürzt, in der Berliner Zeitung vom 4. September 2000.

Detlef Junker

Die Amerikanisierung des Holocaust

*Über die Möglichkeit, das Böse zu
externalisieren und die eigene Mission
fortwährend zu erneuern*

Wer auf der Suche nach der gegenwärtigen Erinnerungskultur und Vergangenheitspolitik der Vereinigten
Staaten alle Regionen des Landes bereist, ist gut beraten, Friedrich Nietzsches Schrift *Vom Nutzen und Nach-
teil der Historie für das Leben* im Gepäck zu verstauen.
Nietzsche hatte darin 1872 die Deutschen, überhaupt
alle tatkräftigen Völker, davor gewarnt, den wissenschaftlichen, vermeintlich auf Objektivität zielenden
Umgang mit der Geschichte zu übertreiben. Denn nur
der vorwissenschaftliche, aus den Bedürfnissen der
jeweiligen Gegenwart entsprungene Umgang könne
dem Leben dienen und, so würde man heute sagen,
Identitäten stiften. Der Anti-Aufklärer Nietzsche emp-
fahl den Völkern erstens eine monumentalisch-he-
roische, zweitens eine kritische und drittens eine anti-
quarische Aneignung der Geschichte: Völker und
Individuen vergewissern sich ihrer großen Vergangenheit, als Ansporn für die Zukunft; sie klagen die Vergangenheit an und kritisieren sie, ebenfalls, um Kraft für
neue Taten zu gewinnen; oder sie pflegen ein bewahren-
des Verhältnis gegenüber der Vergangenheit, um sich an
die Wurzeln der eigenen Existenz zu erinnern.

Obwohl in den Vereinigten Staaten mehr wissenschaftliche Historiker leben als in der übrigen Welt zusammen, folgt diese tatkräftige Nation mit einer tiefen Skepsis gegenüber den Intellektuellen dem Vorbild Nietzsches. Sie pflegt zugleich einen antiquarischen, einen kritischen und vor allem einen monumentalisch-heroisch-patriotischen Umgang mit der Geschichte; anders als die Deutschen, denen durch den Nationalsozialismus und den Holocaust der dritte Teil dieser Trias, eben der patriotische, weitgehend abhanden gekommen ist. Für die Mehrheit der Amerikaner ist ihre Geschichte siegesamerikanisch eingefärbt. Wer ernsthaft an dieser amerikanischen Legende kratzt, kann auch heute noch von einem Sturm der Entrüstung hinweggefegt werden.

Nietzsche kann auch den Schlüssel für die Erklärung eines der erstaunlichsten Phänomene der gegenwärtigen Erinnerungskultur der Vereinigten Staaten liefern, für die Allgegenwart des Holocaust in Politik und Kultur, das heißt für seine Amerikanisierung. Darunter seien besonders zwei Phänomene verstanden: erstens die Tatsache, daß der Holocaust in den vergangenen 30 Jahren vom Rand in das Zentrum der amerikanischen Kultur vorgedrungen ist; zweitens die damit auch einhergehende Funktionalisierung, Trivialisierung und Vermarktung des »Shoah-Business«.

Verkörperung des absolut Bösen
und Totschlagargument

Die Auseinandersetzung mit und das Gedenken an den Völkermord, der an den Juden in Europa begangen wurde, haben sich unter dem Begriff »Holocaust« tief in das kollektive Gedächtnis der Amerikaner eingeprägt. Der ausländische Besucher begegnet auf Schritt und Tritt den Produkten einer Forschungs-, Erziehungs- und Erinnerungskultur, die sich in Museen, Gedenkstätten und Forschungszentren, an Universitäten und Schulen institutionalisiert hat, durch Spenden und Spendensammlungen stetig weiter wächst und auf Dauer angelegt ist. Die größte Wirkung wird aber nicht durch das Wort und die ernsthafte Forschung, sondern durch das Bild, durch die Vermarktung des Holocaust in den Massenmedien erzielt. Darüber hinaus ist der Holocaust als Verkörperung des absolut Bösen zum allseitigen Totschlagargument in den aktuellen politischen und moralischen Diskursen der Vereinigten Staaten geworden. Keinem Sinnbild werden so unterschiedliche Bedeutungen zugesprochen wie dem Holocaust, keine Analogie wird mehr gebraucht und mehr mißbraucht als die Holocaust-Analogie.

Der Holocaust ist in den letzten 30 Jahren nicht nur in die Mitte der amerikanischen Kultur vorgedrungen, er ist vor allem zum Zentrum der Identität der amerikanischen Juden geworden. Nach einer Studie des American Jewish Committee aus dem Jahr 1999 halten 98 Prozent der amerikanischen Juden die Erinnerung an den Holocaust für einen bedeutenden oder sehr bedeutenden Teil ihrer Identität, aber nur 15 Prozent geben an, sie hielten sich an religiöse Regeln und pflegten jüdische Gebräuche. Es ist nicht zuletzt auf den Wandel im Selbstverständnis dieser in vieler Hinsicht seit 1945 erfolgreichsten Minderheit der Vereinigten Staaten in Politik, Wirtschaft und Kultur, der akademischen Welt, den Massenmedien und unter den meinungsbildenden Eliten zurückzuführen, daß der Holocaust in der amerikanischen Gesellschaft eine völlig neue Bedeutung gewonnen hat.

Es war vorauszusehen, daß die Spannung zwischen der Amerikanisierung einerseits, der Bedeutung des Holocaust für die Identität der amerikanischen Juden andererseits irgendwann eine neue Welle der Reflexion und der Kritik auslösen würde. Genau dieser Trend scheint sich zur Zeit unter einigen amerikanischen Historikern und Intellektuellen anzubahnen.

Schon früher hatten einige jüdische Autoren vereinzelt darüber geklagt, daß die Amerikanisierung des Holocaust auf eine »Entjudaisierung« des Völkermordes, auf einen Diebstahl am Judentum, hinauslaufe; oder daß alles Böse, das irgend jemandem irgendwo widerfahre, als »Holocaust« bezeichnet werde. Doch in den vergangenen Jahren haben die Bücher und Aufsatzsammlungen von Tim Cole, Hilene Flanzbaum, Edward Linenthal, Peter Novick, Jeffrey Alan Shandler und James E. Young dieser Kritik eine empirische Grundlage gegeben. Das kürzlich in die Schlagzeilen geratene Buch von Norman Finkelstein radikalisiert und überzeichnet einige Aspekte dieses vielschichtigen Prozesses.

Einige Beispiele mögen die verschiedenen Dimensionen der gegenwärtigen Amerikanisierung des Holocaust illustrieren. Begonnen sei mit einem der größten Museumserfolge in der Geschichte der Vereinigten Staaten, mit dem United States Holocaust Memorial Museum in Washington, D. C., das 1993 eröffnet wurde. Mittlerweile zieht es mehr als zwei Millionen Besucher im Jahr an. Was seit 1978 unter dem Eindruck der *Holocaust*-Serie im Fernsehen geplant wurde und als eine Geste der Beschwichtigung gegenüber den amerikanischen Juden begann, weil Präsident Jimmy Carter einen innenpolitischen Ausgleich für die Lieferung von F-15-Kampfflugzeugen an Saudi-Arabien brauchte, ist zu einem nationalen Heiligtum geworden. Das Museum zeigt den Amerikanern, was es bedeutet, ein Amerikaner zu sein, indem es drastisch demonstriert, was es bedeutet, nicht Amerikaner zu sein. Gegenüber Kritikern, die damals bezweifelten, daß es sinnvoll sei, das größte Verbrechen eines fremden Volkes auf einem anderen Kontinent in der amerikanischen Hauptstadt zu dokumentieren, antwortete der für die Konzeption des Museums verantwortliche Beirat: »Dieses Museum gehört in das Zentrum des amerikanischen Lebens, weil Amerika als eine demokratische Zivilisation der Feind des Rassismus und seiner radikalsten Ausdrucksform, des Völkermordes, ist. Als ein Ereignis von universaler Bedeutung ist der Holocaust von besonderer Wichtigkeit für Amerikaner. Die Nazis verleugneten in Wort und Tat die tiefsten Glaubenssätze des amerikanischen Volkes.«

Wenn diese Aussage bedeuten soll, daß die nationalsozialistische Ideologie und Herrschaft die Ideale und Werte der amerikanischen Demokratie negierten, ist sie unbestreitbar richtig. Das gilt im übrigen für alle Gesellschaften und Staaten, für welche die Würde des Menschen und seine körperliche Unversehrtheit unantastbar sind. Wenn diese Aussage allerdings als Tatsachenbehauptung über die Geschichte der Vereinigten Staaten verstanden werden soll, ist die Behauptung, die Vereinigten Staaten seien der Feind des Rassismus, nicht nur für die Nachkommen der dezimierten Indianer und für die schwarzen Amerikaner eine groteske Geschichtsklitterung. Für sie, die es bisher nicht geschafft haben, in Washington D. C. ein nationales Museum über das Schicksal der Indianer oder die Sklaverei zu errichten – an einem Ort, an dem Sklaven in Käfigen gehalten und zum Verkauf angeboten wurden –, ist das Holocaust-Museum eine Privilegierung der Juden. Diese trägt zu den Spannungen zwischen einem Teil der Afroamerikaner und den amerikanischen Juden bei.

Inzwischen hat fast jede größere Stadt in den Vereinigten Staaten ein Holocaust-Mahnmal. Es gibt mehr als hundert Holocaust-Museen und -Forschungsstätten, die sich mit dem Völkermord beschäftigen, etwa in New York, Boston, Detroit, Los Angeles, Tampa Bay, Houston und Dallas. Die Tendenz ist steigend. Die Amerikaner haben eines der größten Verbrechen der europäischen Geschichte – viele meinen, das größte Verbrechen – gleichsam adoptiert.

Ein weiteres Beispiel für die Allgegenwärtigkeit des Holocaust ist die Berichterstattung in der *New York*

Times und der *Washington Post,* den beiden politisch
einflußreichsten Zeitungen des Landes. Im Jahre 1996
zum Beispiel publizierte die *New York Times* mehr als
500 Artikel mit einem Holocaust-Bezug, die *Washington Post* über 300. Die Tendenz ist steigend. Von 1996
bis heute hat die *New York Times* mehr als 3500 Artikel
mit einem Holocaust-Bezug publiziert.

Immerhin handelt es sich bei der *New York Times* und
der *Washington Post* noch um das gedruckte Wort.
Seine Wirkung wird allerdings bei weitem übertroffen
durch das Bild, durch Film, Fernsehen, Comics und
Internet. Das herausragende Beispiel der letzten Jahre
ist natürlich Spielbergs Spielfilm *Schindler's Liste,*
der 1993 auf den Markt kam, sieben Oscars gewann
und 1997 von einer der großen Fernsehanstalten wieder
übertragen wurde, diesmal mit der für die Vereinigten
Staaten ungewöhnlichen Erklärung, daß dieser Film
nicht von Werbung unterbrochen werde. Mehrere neue
Großprojekte zum Holocaust sind in Vorbereitung.
Spielberg wird einen Film über Anne Frank herausbringen. Auf dem amerikanischen Markt ist der Holocaust
zur gewinnbringenden Ware geworden.

Überdies ist der Holocaust ein integraler Bestandteil des amerikanischen »Infotainments« und der politischen Seifenopern. Als O. J. Simpsons schwarzer Anwalt Johnny Cochran Mitglieder der weißen Polizei
von Los Angeles zu Nazis erklärte, die einen Holocaust
gegen schwarze Jugendliche begonnen hätten, bekun-
dete Simpsons zweiter Verteidiger, der jüdische Anwalt
Robert Shapiro, im Fernsehen, daß er durch Cochrans
Vergleich zutiefst beleidigt worden sei. Der Chefanklä-

ger gegen Präsident Clinton im Repräsentantenhaus, der Kongreßabgeordnete Henry J. Hyde, warnte die amerikanische Nation im Fernsehen vor dem abschüssigen Weg, der zum Holocaust führe, wenn man Clinton nicht seines Amtes enthebe, weil er in der Affäre mit Monica Lewinsky öffentlich gelogen habe.

Überlebende des Holocaust erzählen ihre Geschichte in der schmuddeligen Jerry-Springer-Show; die Gegner der Abtreibung, die Anhänger des »pro-life-movement«, vergleichen die Abtreibung von Föten mit den Opfern von Auschwitz. Tierfreunde sprechen von Holocaust an den Tieren. Selbst ein Kochbuch mit Gerichten aus einem Konzentrationslager findet seine Abnehmer.

Die gegenwärtige Situation in Amerika unterscheidet sich radikal von der Lage im Zweiten Weltkrieg, als der Völkermord stattfand, und von der Zeit bis Anfang der sechziger Jahre, dem Höhepunkt des Kalten Krieges. In den globalen Bedrohungsszenarien, die der amerikanische Präsident Franklin D. Roosevelt vor dem amerikanischen Volk von 1937 bis 1941 ausbreitete, wies er öffentlich nicht ein einziges Mal auf die bedrohte Lage der Juden im *Dritten Reich* und in Europa hin. Das konnte er sich, wie er glaubte, unter anderem wegen des damals verbreiteten Antisemitismus in seinem Land politisch nicht leisten. Die Quote für Einwanderer ist daher auch nie erhöht worden, um bedrohten Juden zu helfen. Selbst wenn Präsident Roosevelt dafür gekämpft hätte, hätte er angesichts der »großen Depression«, der schwersten Wirtschaftskrise des Landes seit Beginn der industriellen Revolution, im Kongreß keine Chance gehabt, die restriktiven Einwanderungsgesetze aus dem Jahre 1924 zu ändern. Allerdings tat Roosevelt alles, was er innerhalb der geltenden Gesetze für die Juden tun konnte. Selbst die jüdischen Organisationen in den Vereinigten Staaten blieben vergleichsweise passiv. Das resignierende Gefühl, daß man ohnehin wenig tun könne, war weit verbreitet.

Die *New York Times,* 1896 von Adolphe S. Ochs, einem Sohn armer deutscher Juden, gekauft, blieb im Zweiten Weltkrieg bei ihrer Maxime, auf keinen Fall als eine jüdische Zeitung erscheinen zu wollen. Sie erwähnte deshalb den Holocaust im Zweiten Weltkrieg kaum. In der Berichterstattung über die Befreiung des Konzentrationslagers Dachau auf der ersten Seite des Blattes wurde das Wort »Jude« nicht erwähnt. Und trotz des elementaren Abscheus, den 1945 die Bilder von der Befreiung der Konzentrationslager nicht nur in Amerika hervorriefen, hielt sich zunächst weiter ein nicht unerheblicher Antisemitismus.

Während des Zweiten Weltkrieges, das wird heute oft übersehen, galt die Aufmerksamkeit der Amerikaner in erster Linie dem globalen Konflikt selbst, der in fünf Kontinenten und auf sieben Weltmeeren ausgefochten wurde und 50 bis 60 Millionen Menschen das Leben kostete. Den »Holocaust« als singuläres Ereignis gab es im Bewußtsein der Zeitgenossen noch nicht. Während des Krieges ahnten nur wenige Amerikaner etwas von der Größenordnung des Völkermordes. Im Mai 1945 schätzte eine Mehrheit der Amerikaner, daß von den Nationalsozialisten insgesamt eine Million Personen – Juden und Nichtjuden – in Konzentrationslagern umgebracht worden wären.

Die ungefähr 100 000 Überlebenden des Völkermordes an den europäischen Juden, die bis Anfang der fünfziger Jahre in die Vereinigten Staaten kamen, blieben unsichtbar. In einer Kultur von Siegern, Kriegshelden und des Fortschrittsoptimismus hatte niemand Interesse für ihre Leidensgeschichten. Die Mehrheit der amerikanischen Juden wollte in dieser Zeit nicht als Opfer gesehen werden. Ihr oberstes Ziel war es, als vollgültige amerikanische Bürger anerkannt zu werden. Ende der vierziger Jahre lehnten zum Beispiel führende jüdische Organisationen den Vorschlag ab, in New York eine Holocaust-Gedenkstätte zu errichten: Es sei nicht im Interesse der Juden, sich auf ewig als schwaches und verteidigungsunfähiges Volk darzustellen.

Der beginnende Kalte Krieg machte die Erinnerung an den Holocaust nicht opportuner. Die Totalitarismus-Theorie brachte Nationalsozialismus und Kommunismus in eine gemeinsame Frontstellung gegen den freien Westen. Während der Hexenjagd gegen angebliche und vermeintliche Kommunisten im eigenen Lande in der Ära des Senators McCarthy stellte sich heraus, daß nicht wenige »fellow-travellers« Juden waren. Besonders in den Südstaaten verbanden sich Antikommunismus, Rassismus und Antisemitismus. »Commies, Niggers and Jews« wurden häufig in einem Atemzug genannt.

In dieser Zeit wurde der Völkermord an den Juden in der öffentlichen Debatte nur selten erwähnt. Die Bezeichnung Holocaust hatte sich noch nicht durchgesetzt, die Idee der »Einzigartigkeit« des Holocaust war noch nicht geboren. Angesichts der Möglichkeit eines

Atomkrieges war im übrigen Hiroshima für das zeitge-
nössische Denken ungleich wichtiger als der Holocaust.

Außerdem machte der beginnende Kalte Krieg West-
deutschland zum wichtigen Verbündeten Amerikas.
Obwohl die Erinnerung an das Dritte Reich, obwohl
die Gegenwärtigkeit des Vergangenen in der amerikanischen Deutschlandpolitik von 1945 bis zur Gegenwart
eine überragende Rolle spielte, war die amerikanische
Regierung gezwungen, die Entnazifizierung auch mit
Rücksicht auf den beginnenden Kalten Krieg zu stop-
pen. Von 1949 bis 1955 verloren die alliierte Hohe
Kommission – die Oberregierung der Westdeutschen –
im allgemeinen, die amerikanische Hohe Kommission
und John J. McCloy im besonderen schrittweise die
Kontrolle über die deutsche Vergangenheitspolitik,
weil sie die Kontrolle über die Gegenwart behalten
wollten, nämlich über Westdeutschlands Wiederbewaff-
nung und Westintegration.

Die überragende Rolle des Fernsehens

Seit Anfang der sechziger Jahre haben mehrere Ereignisse und Entwicklungen diese Lage grundsätzlich ver-
ändert. In dieser Zeit begann das, was jetzt als die
»Amerikanisierung des Holocaust« bezeichnet werden
kann. Am Anfang war das Bild. Ohne das Fernsehen,
so könnte man sagen, keine Amerikanisierung des
Holocaust. Eines der wichtigsten Ereignisse war 1961
der Prozeß gegen Adolf Eichmann in Jerusalem, der
von den amerikanischen Fernsehsendern ausführlich

übertragen wurde. Zum erstenmal hörte die amerikanische Nation die erschütternden Zeugnisse der Überlebenden, verstand die Dimension des Völkermords. Ebenso wichtig war vermutlich die mögliche existentielle Gefährdung Israels im Sechs-Tage-Krieg von 1967 und im Jom-Kippur-Krieg von 1973, der die beiden Eckpfeiler der »Zivilreligion« der jüdischen Amerikaner näher aneinanderrückte: Israel und den Holocaust. Die Angst vor einer möglichen neuen Katastrophe des jüdischen Volkes mobilisierte die Erinnerungen an den Holocaust. Sie bestärkte vor allem den Vorsatz, nie wieder zu schweigen und den Ereignissen tatenlos zuzusehen. Sie gab außerdem vielen jüdischen Gemeinden einen neuen Daseinszweck und verscheuchte die Sorgen von jüdischen Organisationen, daß gerade die immer erfolgreichere Integration der Juden in die amerikanische Gesellschaft und der nachlassende Antisemitismus ihren Zusammenhalt und ihre Organisationskraft schwächen können. Der Holocaust wurde zur jüdischen Ökumene.

In praktischer Hinsicht erwies sich das neu entfachte Interesse am Holocaust als ideales Mittel, um Spenden für Israel einzuwerben, die Mitgliederzahlen jüdischer Organisationen zu erhöhen und die Notwendigkeit von Aktionen jüdischer Organisationen zu beweisen. In den Worten eines Sprechers des Simon-Wiesenthal-Zentrums in Kalifornien: »The Holocaust works every time«.

Einen weiteren Durchbruch – viele meinen, den entscheidenden Durchbruch – zur Amerikanisierung brachte dann die vierteilige Fernsehserie *Holocaust,* die im April 1978 von fast 100 Millionen Amerikanern gesehen wurde. Ihre Ausstrahlung wurde von Werbekampagnen jüdischer Organisationen unterstützt – übrigens damals sehr zum Entsetzen von Elie Wiesel, des vielleicht berühmtesten Überlebenden des Holocaust, der die »Trivialisierung« des Holocaust als Beleidigung der Opfer verdammte.

Alles das hätte vermutlich noch nicht zur gegenwärtigen Amerikanisierung des Holocaust geführt, wenn es nicht in den sechziger Jahren auch in Amerika zu einer Kulturrevolution gekommen wäre. Das jedenfalls ist eine der anregendsten Thesen von Peter Novick. Was war der Inhalt dieser Kulturevolution? Es war die Wandlung von einer dominanten Kultur der Sieger und Helden zu einer Kultur, in der auch Verlierer und Opfer zu Worte kommen. Seit dieser Zeit gibt es in Amerika eine verstärkte Spannung zwischen der heroischen und der kritischen Geschichtsbetrachtung im Sinne Nietzsches. Angestoßen durch den Vietnam-Krieg, durch die Bürgerrechtsbewegung und die revolutionäre Änderung der Einwanderungsgesetze, gewann der kritische Umgang mit der eigenen Geschichte nunmehr an Gewicht gegenüber der heroisch-patriotischen Interpretation.

Dieser kritische Blick auf die amerikanische Geschichte wurde seitdem eindeutig zur moralischen Waffe der nichtweißen Minderheiten, aber auch der Frauen, im politischen Kampf um gesellschaftliche Anerkennung, Besitzansprüche und Rechte. Es begann, um Peter Novick zu zitieren, »ein olympischer Wettbewerb um die Goldmedaille für die größte Leidensgeschichte«. Und in diesem Wettbewerb behaupten die amerikanischen Juden so lange einen uneinholbaren Vorsprung, wie sie die Amerikaner von der »Einzigartigkeit« und »Unvergleichlichkeit« des Holocaust überzeugen können. Alle anderen Verbrechen, auch der amerikanischen Geschichte, werden dadurch zweit- und drittrangig.

Ein Teil der afroamerikanischen Wortführer ist ungehalten über das Ausmaß, in dem es den Juden gelungen ist, den Holocaust im öffentlichen Bewußtsein Amerikas zu verankern. Sie unternehmen verstärkt Anstrengungen, um die Leidensgeschichte der Afroamerikaner als »Black Holocaust« zu deuten. Selbst John Hope Franklin, ein außerordentlich angesehener, schwarzer amerikanischer Historiker und Berater von Präsident Clinton in Rassenfragen, bezeichnet die Sklaverei als »Amerikas eigenen Holocaust«.

Während dieser Vergleich mit dem Nazi-Völkermord bei vielen Juden für großes Unbehagen sorgt, haben sich mehr als neunzig Prozent der Abgeordneten im Repräsentantenhaus bis zum Jahr 2000 geweigert, einen Dauerantrag des »Congressional Black Caucus«, der Vereinigung schwarzer Abgeordneter im Kongreß, zu behandeln. Danach soll eine Expertenkommission des Kongresses einberufen werden, die sich »mit Sklaverei, ihren Auswirkungen auf Afroamerikaner und die amerikanische Gesellschaft« befaßt. Denn mögliche Entschuldigungen sind auch Schuldeingeständnisse, und diese können dank des amerikanischen Rechtssystems, das schon für eine zu heiße Tasse Kaffee dem unachtsamen Konsumenten mehrere Millionen Dollar

Schmerzensgeld zuspricht, teuer werden. Teilweise sind Berechnungen im Umlauf über die Wiedergutmachung von 224 Jahren unbezahlter Zwangsarbeit von 10 Millionen Sklaven.

Auch andere Minderheiten wollen »die andere Seite Amerikas« gewürdigt sehen: die mörderischen Konsequenzen der Eroberung der beiden Amerikas durch die Europäer, die kürzlich von einem auf Hawaii geborenen amerikanischen Wissenschaftler als »American Holocaust« bezeichnet wurde; die Ausrottung und Enteignung der Indianer; die Sklaverei und das System der Apartheid, das bis vor einer Generation in den Südstaaten regierte; den Beitrag der Mexikaner und anderer Lateinamerikaner zur Geschichte der Vereinigten Staaten; die lange Geschichte der die Asiaten diskriminierenden Einwanderungsgesetze; überhaupt den tief in der amerikanischen Gesellschaft verankerten Rassismus.

Diese neue Opferkultur habe, so Peter Novick, erheblich zur Amerikanisierung des Holocaust beigetragen. Unter anderem machte es dieser Wandel auch den Überlebenden des Holocaust leichter, sich zu öffnen und ihre Erinnerungen zu teilen. Während sie sich nach dem Krieg fast versteckten, gehören die »survivors« (die Überlebenden) heute zu überall gefragten Rednern und Zeitzeugen. Der Begriff »survivor« ist heute ein Ehrentitel. Die Tatsache, daß die Ehefrau des Vizepräsidentschaftskandidaten der Demokratischen Partei im Wahljahr Hadassah Lieberman, sich den Wählern als Kind von Überlebenden des Holocaust vorstellte, verlieh ihrer Person eine besondere Aura der Würde und des Respekts.

Erlöser der Welt

Während die Kulturrevolution der sechziger Jahre die kritische Aneignung von Geschichte und die Akzeptanz der Opferkultur verstärkt hat, scheint der wichtigste Grund der Popularität des Holocaust bei den 98 Prozent der nichtjüdischen Bevölkerung der Vereinigten Staaten allerdings gerade der zu sein, daß die Amerikaner sich selbst in ihrer alten Rolle als Erlöser der Welt bestätigen können. Die Erinnerung an das Verbrechen eines fremden Volkes, der Deutschen, führt zugleich zu einer Externalisierung des Bösen und einer Bestätigung der eigenen, heroisch-patriotischen Geschichtsbetrachtung. Die Ursache für die Amerikanisierung des Holocaust liegt gerade darin, daß der Völkermord an den europäischen Juden für die Amerikaner zugleich einen kritischen und einen heroischen Zugang zur Geschichte eröffnet.

Trotz der gewachsenen Popularität der kritischen Geschichtsbetrachtung und der neuen Opferkultur pflegt die überwiegende Mehrzahl der Amerikaner weiter ein heroisch-patriotisches Verhältnis zur eigenen Geschichte. Es ist kein Zufall, daß alle »history wars« der vergangenen Jahrzehnte zwischen der heroischen und der kritischen Aneignung von Geschichte stattgefunden haben.

Dies entspricht jüngsten Umfragen, wonach mehr als siebzig Prozent der Amerikaner sich als »patriotisch« oder als »sehr patriotisch« empfinden. Trotz Unbehagens an Teilen der eigenen Geschichte feiert diese Mehrheit mit robustem Selbstbewußtsein immer aufs neue ihre große Vergangenheit, als Manifestation ihrer Auserwähltheit und Einzigartigkeit und als Auftrag an die Zukunft, die amerikanische Sendung zu erfüllen. Die amerikanische Geschichte wird als Entfaltungsprozeß der Freiheit begriffen, das Sendungsbewußtsein hat seinen Ursprung in einer säkularisierten Geschichtsteleologie des 18. Jahrhunderts.

Die amerikanische Geschichte ist in dieser Ideologie der Sendung gleichsam eingekapselt, sie ist, um wieder mit Nietzsche zu sprechen, von einer »umhüllenden Atmosphäre« umgeben, die sie vor allzu großer Kritik schützt und ihr die Fähigkeit beläßt, zur Identität der amerikanischen Nation beizutragen und sich in Abgrenzung vom »Anderen« und »Fremden« der eigenen Identität zu versichern.

Die amerikanische Zivilreligion produziert bei Bedarf die notwendigen Feindbilder. Nach dem Muster des spätantiken Religionsstifters Mani haben die Amerikaner besonders ihre Kriege als radikale Gegenüberstellung eines guten und eines bösen Weltprinzips gedeutet. Jeder Feind saß damit automatisch in der manichäischen Falle des amerikanischen Sendungsbewußtseins: zuerst die Indianer, dann England und Georg III., dann die Spanier und Mexikaner, im 20. Jahrhundert vornehmlich die Deutschen, Japaner, Russen, Chinesen, Nordvietnamesen und Iraker.

Die Amerikanisierung des Holocaust, die ständige Konfrontation mit dem absolut Bösen, gibt der amerikanischen Nation die immerwährende Möglichkeit, das Böse zu externalisieren und zugleich die Notwendigkeit der eigenen Mission, der freiheitlich-demokratischen

Sendung, zu erneuern. Im Angesicht des Holocaust überzeugt sich die amerikanische Nation jeden Tag aufs neue, die einzig unersetzliche Nation der Welt zu sein, wie es Außenministerin Madeleine Albright formulierte. Der Holocaust ist nicht nur zum Zentrum der Identität der amerikanischen Juden, sondern auch zu einem wichtigen Bestandteil der amerikanischen Zivilreligion geworden. Die zwei Millionen Besucher des Holocaust-Museums in Washington D. C. erfahren diese Dialektik hautnah: Nach der Konfrontation mit den überwältigenden Szenen der Unmenschlichkeit finden sie sich im monumentalen Zentrum Washingtons wieder – inmitten der Denkmäler der Freiheit und der amerikanischen Mission. Der Name des Museums trifft diesen Sachverhalt genau: United States Holocaust Memorial Museum.

Quelle: Frankfurter Allgemeine Zeitung, 9. September 2000

Norman G. Finkelstein

Der Bote ist der Schuldige

Verschwörungstheorien oder Tabubruch?
Eine Erwiderung an meine Kritiker

Ich hecke, lautet der Haupteinwand meiner Kritiker, eine Verschwörungstheorie aus, die den Antisemitismus schürt. Dazu vorweg: Obgleich der Erkenntniswert von Verschwörungstheorien minimal ist, heißt dies nicht, daß es nicht Personen und Institutionen gibt, die intrigieren und Ränke schmieden. Wer etwas anderes glaubt, ist nicht weniger naiv als einer, der hinter allem Weltgeschehen eine gewaltige Verschwörung wittert. Frances Stonor Saunders etwa belegt in *Who Paid the Piper?,* daß im Kalten Krieg fast jede kulturelle Mainstream-Ikone direkt oder indirekt vom CIA subventioniert wurde – sogar der Abstrakte Expressionismus wurde als Gegengift der »freien Welt« gegen den Sozialistischen Realismus gefördert. Man stelle sich vor, jemand hätte in den fünfziger Jahren behauptet, eine Jackson-Pollock-Ausstellung werde von CIA-Spionen bevölkert! Man hätte ihn als hirnrissigen Verschwörungstheoretiker abgetan. Aber wie es so geht – er hätte recht gehabt.

Mein Buch soll zwei Verschwörungstheorien enthalten. Erstens behaupte ich, daß DER HOLOCAUST [zur Schreibweise s. Anm. auf S. 16, d. Hg.] von jüdischen

140

Eliten nach dem Sechstagekrieg 1967 in den Mittelpunkt des amerikanischen Lebens gerückt wurde, um Israel gegen Kritik zu immunisieren; zweitens, daß die Holocaust-Industrie im Verein mit der Regierung Clinton ein »doppeltes Abkassieren« bei europäischen Ländern wie bei den tatsächlichen jüdischen Opfern der Nazi-Verfolgung betreibt.

Ulrich Herbert bestreitet sowohl, daß DER HOLOCAUST Ende der sechziger Jahre im amerikanischen Leben auftauchte, als auch, daß sein Auftauchen mit dem Sechstagekrieg zusammenhing.* Es sollte betont werden, daß außer Herbert kein mir bekannter Wissenschaftler diese Behauptungen bestreitet. Den allgemeinen Konsens formulierte 1982 der britische Historiker Geoff Eley: »Ende der sechziger Jahre begann der Begriff ›Holocaust‹ in den Titeln von Essays und Büchern aufzutauchen, und zwar jetzt mit großem H und dem bestimmten Artikel.« Um nur ein typisches Indiz anzuführen: Im September 1968 führte die Library of Congress die neue Kategorie »Holocaust, Jewish (1939–1945)« für Material ein, das sie früher unter »World War, 1939–1945 – Jews« rubriziert haben würde. Ebenso unumstritten ist, daß der Sechstagekrieg 1967 diese Entwicklung in Gang gesetzt hat. Herbert scheint zu verkennen, worum es bei dieser Debatte geht. Die Frage ist nicht, wann DER HOLOAUST im amerikanischen Leben auftauchte, sondern warum. Die gängige Interpretation lautet, daß durch die Sorge um

---

* Ulrich Herbert: »Vorschnelle Begeisterung«, in: *Süddeutsche Zeitung,* 18. August 2000 (Anm. d. Hg.).

die Verwundbarkeit Israels im Juni 1967 den Juden wieder DER HOLOCAUST ins Gedächtnis gekommen sei. Ich liefere umfangreiche Beweise gegen diese Interpretation, die wahren Gründe sind darin zu suchen, das neue strategische Bündnis Israels mit den USA zu schützen.

Ich versuche nachzuweisen, daß die wichtigsten Dogmen des Holocaust-Schemas – DER HOLOCAUST ist ein kategorial einzigartiges Ereignis; DER HOLOCAUST markiert den Höhepunkt des Jahrtausende alten, irrationalen Judenhasses – keinen wissenschaftlichen Wert haben, sondern vielmehr um des politischen Vorteils willen vorgetragen werden. Natan Sznaider sagt, daß der Holocaust ein einzigartiges historisches Ereignis markiere, das aber gleichwohl als Fanal gegen künftige Genozide fungiere. Er zitiert Elie Wiesel, für den der Holocaust einzigartig ist und der doch persönlich interveniert, um potentielle Völkermorde abzuwenden. Man fände jedoch nur schwer ein Beispiel, daß der Holocaust in Wiesels Beschwörung den Opfern der US-Staatskunst gedient hätte. So wurde DER HOLOCAUST von Wiesel für Kambodscha nach 1975, unter den Roten Khmer, beschworen, aber nicht für Kambodscha vor 1975, unter amerikanischen Bomben; für die Misquito-Indianer unter den Sandinistas, aber nicht für Nicaragua unter Somoza. Im Falle der Mayas Guatemalas mochte er nicht einmal privat gegen den Völkermord protestieren.

Maier bestreitet, daß das Dogma, wonach DER HOLOCAUST den Höhepunkt des Judenhasses markiere, in der Literatur über den Nazi-Holocaust eine zentrale Rolle spielt. Doch die zionistische Lehre, die sich durch diese Literatur zieht, postuliert, wie Hannah

Arendt schreibt, »einen ewigen Antisemitismus, der das Verhältnis zwischen Juden und Nichtjuden überall und immer beherrscht«. So verstanden, wird DER HOLOCAUST »fast als ein Gegebenes, ein Naturgesetz hingenommen ... Wenn er schon nicht von Gott befohlen wurde, war er wenigstens eine historische Unausweichlichkeit«, schreibt Omer Bartov in *Murder in our Midst.* Marcia Pally erblickt das zentrale Schisma darin, daß »Essentialisten« wie Wiesel und Goldhagen gegen »Kontextualisten« wie mich stehen. Doch die eigentliche Trennlinie verläuft, wie ich glaube, zwischen echter Erforschung des Holocaust (etwa durch Hilberg, Browning, Friedlander, Herbert) und dem dogmatischen, politisch befrachteten Schmus der Holocaust-Industrie.

Diese hat nicht nur DEN HOLOCAUST zu politischen Zwecken ausgeschlachtet, sondern auch ihre Kritiker unbarmherzig aufs Korn genommen. So hat die Anti-Defamation League (ADL) mit dem israelischen und südafrikanischen Geheimdienst umfangreiche Dossiers über US-Intellektuelle wie Noam Chomsky angelegt; aus Mißbilligung meines »antizionistischen Standpunktes« versuchte die ADL, die Veröffentlichung meines Buches *Eine Nation auf dem Prüfstand* zu hintertreiben. Als mein Verlag standhaft blieb, setzte man den Arbeitgeber der Ko-Autorin Ruth Bettina Birn unter Druck. In einem vom Canadian Jewish Congress unterstützten Bericht wurde Birn, Chefhistorikerin der Sektion Kriegsverbrechen und Verbrechen gegen die Menschlichkeit beim kanadischen Justizministerium, als »Angehörige der Täterrasse« angeschwärzt (sie ist deutscher Abstammung). Pally behauptet, mein Buch sei in

143

den USA »mit aufgeregten Besprechungen aufgenommen« worden. In Wirklichkeit herrscht darüber fast völlige Funkstille. Jacob Heilbrunn führt das Schweigen der Amerikaner auf Gleichgültigkeit zurück. Solche Erklärungen sind kaum glaubwürdig. DER HOLO-CAUST wird in den USA in allen erdenklichen Einzelheiten groß herausgestellt (sogar ein Holocaust-Kochbuch gibt es). Es wird unterstellt, meine Darstellung der Holocaust-Entschädigungsvereinbarungen sei von einer Verschwörungstheorie geleitet. Hier möchte ich ein Mißverständnis korrigieren. Ich bin *entschieden für* eine materielle Wiedergutmachung für alle Opfer nationalsozialistischer Verfolgung. Es wäre ein Wunder, wenn es anders wäre. Es ist jedoch schlicht unrecht, Holocaust-Entschädigungen unter falschen Vorwänden herauszuholen. Mancher wundert sich, warum ausgerechnet ich – ein eingefleischter Linker – Schweizer Bankiers verteidige. Aber es geht mir nicht um Schweizer Bankiers – und übrigens auch nicht um deutsche Industrielle. Es geht mir darum, die Integrität des geschichtlichen Befundes und die Heiligkeit des jüdischen Martyriums wiederherzustellen. Und ich beklage es, daß die Holocaust-Industrie Geschichte und Erinnerung korrumpiert.

Deutsche unter Druck

Wer mir vorwirft, ich huldigte einer Verschwörungstheorie, verschließt die Augen vor unbequemen Tatsachen. Erstens ist überhaupt nicht umstritten, daß jüdische Organisationen in den USA zur Erpressung von Holocaust-Reparationen eine breit angelegte Kampagne inszeniert haben, bei der nicht nur die wichtigsten amerikanischen Medien und ein Heer von Sammelklagenanwälten, sondern auch alle Ebenen der US-Regierung eingespannt wurden. Außerdem riecht es nach Heuchelei, wenn die US-Regierung angesichts ihrer eigenen unrühmlichen Geschichte von den Europäern Entschädigung für vergangenes Unrecht verlangt. »Rückerstattung ist für die USA eine Angelegenheit von besonderer Priorität«, tönte der stellvertretende Finanzminister Eizenstat während der Verhandlungen in Österreich. Die amerikanischen Ureinwohner werden das mit Erstaunen zur Kenntnis nehmen. Charles Maier behauptet, die Schweizer hätten sich den Unmut der Amerikaner zugezogen, weil sie nie umfassend über jüdische Vermögenswerte aus der Holocaust-Ära Rechenschaft abgelegt hätten. Wie jedoch der führende US-Experte, Seymour Rubin, bei einer Kongreß-Anhörung aussagte, haben die USA dabei schlechter abgeschnitten als die Schweiz: »Die USA trafen nur sehr begrenzte Maßnahmen, um erbenlose Vermögenswerte in den USA ausfindig zu machen, und machten ... lediglich eine halbe Million Dollar verfügbar, gegenüber den 32 Millionen Dollar, die die Schweizer Banken schon vor der Volcker-Untersuchung anerkannt hatten.« Dieser Punkt wird von Maier ignoriert.

Einwände wurden gegen meine Darstellung der deutschen Reparationsvereinbarungen erhoben. Ich dokumentiere, daß die Claims Conference die ursprünglichen Mittel zweckentfremdete, welche die deutsche

Regierung für jüdische Opfer nationalsozialistischer Verfolgung bestimmt hatte. Die ganze Reaktion Peter Longerichs darauf ist, daß er in der *Frankfurter Rundschau* eine Presseerklärung der Claims Conference zitiert. Herbert läßt durchblicken, daß die Frage nur vor Gericht geklärt werden könne. Doch als Ronald Zweig 1987 seine offizielle Chronik der Claims Conference vorlegte, räumte er ausdrücklich ein, daß die Claims Conference »trotz der in der Vereinbarung mit Deutschland enthaltenen formellen Restriktionen über die Verwendung der Reparationsleistungen« die Gelder in Projekte in der arabischen Welt und anderswo gesteckt hat. (Nebenbei: Sollten verantwortungsbewußte Periodika wie der *Spiegel* nicht lieber diesen Dingen nachgehen, als in meinem Privatleben zu schnüffeln?)

Ich habe gegen die Claims Conference den Vorwurf erhoben, bei den jüngsten Verhandlungen mit Deutschland die Zahl jüdischer Zwangsarbeiter enorm übertrieben zu haben. Ich stelle den wissenschaftlichen Standardzahlen der überlebenden jüdischen Zwangsarbeiter bei Kriegsende – die zwischen 50 000 (Leonard Dinnerstein) und 100 000 (Henry Friedlander) schwanken – die von der Claims Conference genannte Zahl von 700 000 gegenüber und gebe zu verstehen, daß letztere Zahl an Holocaust-Leugnung grenzt. Die von Herbert genannte Zahl von 300 000 überlebenden jüdischen Zwangsarbeitern bei Kriegsende ist zwar höher als die von mir zitierte, bleibt aber immer noch weit hinter der von der Claims Conference genannten zurück. Auf der Basis anekdotischen Beweismaterials gebe ich zu verstehen, daß von diesen jüdischen Zwangsarbeitern nicht mehr als 25 Prozent heute noch am Leben sind. Dieser Prozentsatz wurde unabhängig hiervon von einem Wissenschaftler in der deutschen Verhandlungsdelegation bestätigt; sogar die Claims Conference hat ihn ihren Berechnungen zugrundegelegt. Doch Herbert unterstellt, daß 30 bis 40 Prozent noch heute am Leben seien.

Herbert stellt weitere problematische Behauptungen auf. So sagt er, daß Deutschland ohne Druck von außen die Zwangsarbeiter nicht entschädigt haben würde. Anscheinend unterschätzt er das historische Verantwortungsgefühl der rot-grünen Koalition. Klaus von Münchhausen, ein langjähriger Anwalt der Zwangsarbeiter, wird im *Tagesspiegel* mit der Aussage zitiert, daß Entschädigungspläne bereits in Arbeit waren. Maier verteidigt die Opferanwälte gegen den Vorwurf der Habgier. Aber der *Washington Post* zufolge zog sich die Vereinbarung mit Deutschland so lange hin, »weil es zu einem unwürdigen Gefeilsche kam, wieviel von dem Stiftungsgeld an die amerikanischen Anwälte fließen sollte, die sich hohe Honorare sichern wollten«. Holocaust-Anwälte in der Schweiz berechneten 600 Dollar pro Stunde.

Unterdessen ließ der Jüdische Weltkongress (WJC) verlauten, daß er nicht weniger als 9 Milliarden Dollar an Entschädigungszahlungen anhäufen wird. Erpreßt wurden sie im Namen »bedürftiger Holocaust-Opfer«, aber jetzt behauptet der WJC, die Gelder gehörten »dem ganzen jüdischen Volk«. Praktischerweise ist der WJC der selbsternannte Repräsentant des »ganzen jüdischen Volkes«. Bei einem feierlichen Holocaust-»Ent-

147

schädigungsbankett« in New York wird der WJC die
Gründung einer Holocaust-Stiftung feiern, die jüdische
Organisationen und »Holocaust-Bildung« subventionie-
ren wird. Das Stiftungsgeld kommt aus »restlichen«
Holocaust-Entschädigungsgeldern, die sich auf »wahrscheinlich Milliarden Dollar« belaufen. Woher der
WJC jetzt schon weiß, daß »wahrscheinlich Milliarden«
übrigbleiben werden, obwohl von den Entschädigungsgeldern noch so gut wie nichts an Holocaust-Überlebende verteilt worden ist, kann man nur raten. Die Holocaust-Industrie hat sich bitter darüber beklagt, dass die
Regelung mit Deutschland jedem früheren jüdischen
Zwangsarbeiter magere 7500 Dollar zugesteht. Warum
werden nicht die »wahrscheinlich Milliarden« Dollar
zur Aufstockung verwendet? Überlebende sind, Berichten zufolge, aufgebracht. Aber die Besucher des Ban-
ketts können unbesorgt sein: Überlebende wurden von
der Gala nicht informiert, geschweige denn eingeladen.

Kritiker machen geltend, mein Buch fördere den
Antisemitismus. Anscheinend soll der Bote schuld an
der schlechten Nachricht sein. Doch hat jetzt auch der
einflußreiche jüdische *Commentary* gewisse Aspekte
der Holocaust-Industrie gegeißelt: ein »hemmungsloses
Arbeiten mit allen Methoden, mögen sie auch noch so
unwürdig oder sogar anrüchig sein«, ein »Sichgefallen
in der Rhetorik einer heiligen Sache« und so fort.
Wenn diese Vorwürfe bekannt klingen, dann, weil sie
ein Echo auf mein Buch sind. Seltsamerweise hält *Commentary* mir das nicht zugute, sondern beschimpft mich
als »Extremisten«.

Nicht mein Buch, sondern die skrupellose Taktik der

148

Holocaust-Industrie schürt den Antisemitismus. Nicht mein Buch, sondern die Geschichtsfälschung der Holocaust-Industrie fördert die Holocaust-Leugnung. Nicht mein Buch, sondern die Drohung der Holocaust-Industrie mit amerikanischen Sanktionen beschwört die abstoßendsten *Stürmer*-Karikaturen herauf. Um Antisemitismus zu bekämpfen, muß man nicht mein Buch der Zensur unterwerfen, sondern der Holocaust-Industrie das Handwerk legen.

Quelle: Süddeutsche Zeitung, 9. September 2000
Deutsch von Irene Adler

Daniel Ganzfried

Es geht um die Freiheit
der offen geführten Debatte

So viel gleich vorweg: Ich halte Herrn Finkelsteins Thesen für bedenkenswert. Das heißt, wert, bedacht, debat-
tiert und beurteilt zu werden. Gibt es eine Holocaust-
Industrie, also einen für die Beteiligten Mehrwert schaf-
fenden Wirtschaftszweig? Mit dem Holocaust Memorial
Museum, der Jewish Claims Conference, dem World
Jewish Congress und anderen als wichtigsten Players?
Suchen verschiedene ihrer Akteure den Erfolg mit un-
lauteren Methoden? Erpressung, Unterschlagung, Zah-
lentrickserei? Und sind ihre Aushängeschilder Kitsch
produzierende Propagandisten? Spielberg, Goldhagen,
Wiesel, Wilkomirski? Am Schluß: Wenn es die Industrie
gibt, was ist so schlecht an ihren Zielen: Geld verdienen,
Macht gewinnen und das Geschäft am Laufen halten?

Einige dieser Fragen hätte ich hier gerne vertieft. So
glaube ich zum Beispiel, daß in Sachen World Jewish
Congress, Jewish Claims Conference und Sammelkläger
gegen Schweizer Banken eher von einer Partnerschaft
gesprochen werden müsste als von einem Krieg, wie es
Finkelstein sieht. Das Ziel war die Entsorgung der
Geschichte, ihrer Opfer und Täter. Edgar Bronfman
sagte auf dem Höhepunkt des Konfliktes sinngemäß:

Das letzte Kapitel wird aufgeschlagen. Will sagen: Danach ist Schluß. Für beide Seiten. Daß beide Seiten verpflichtet sind, den besten Tradeoff anzustreben, scheint mir ausgehend vom Begriff der »Industrie« nachgerade ein Gesetz. Ob hier Erpressung im Spiele war, scheint mir eine Frage der Praxis-Interpretation. Zwei Global Players spielen mit den Muskeln und kommen ins Geschäft.

Politik als Business

Oder der Komplex von Israels Politik und der jüdischen Lobby: Was ist so verwerflich daran, wenn ein kleines Land in einem größeren andern starke Verbündete hat, die einigermaßen zuverlässige Allianzen zu Stande bringen und es vor lästigen Fragen schützen? Die Tatsache, daß eine Großzahl der rechtsextremen jüdischen Siedler aus den USA kommt, ist der etwas unangenehme Preis, der dafür bezahlt werden muß. Und die Zersetzung der israelischen Demokratie macht diesen Preis nicht kleiner. Aber noch zahlen ihn hauptsächlich die Palästinenser. Gerade weil sie eben keine starke Lobby haben. So wenig übrigens, wie die Indianer, die Schwarzen, die Armenier. Sie könnten bei den jüdischen Institutionen in die Lehre gehen. Klar hat nichts von dem mit Opfern, bedürftigen Überlebenden und Verständnis von geschichtlichen Ereignissen zu tun. Es ist Business. Politik als Business. Nicht zu reden von den künstlerischen Produkten dieser »Industrie«. Wo Dinge der noch nicht entsorgten Geschichte zur Darstellung kommen, wird die Qualität eben zum Politikum. Wiesel, Goldhagen, Wilkomirski.

Dies alles und noch mehr könnte erörtert werden. Kenntnisreich, engagiert, klug. Dank Finkelstein, einmal mehr. Und mit ihm erst recht. Doch es scheint, als wäre die Zeit dafür wieder einmal abgelaufen, bevor sie angebrochen ist. Norman Finkelstein wird bedroht. Sein Ruf als Wissenschafter demontiert. Seine Motivation kriminalisiert und sein Buch besprochen, als hätten die Rezensenten *Die Protokolle der Weisen von Zion* gelesen anstatt *The Holocaust Industry. Reflections on the Exploitation of Jewish Suffering.* Viele haben nichts gelesen.

Gegen eine deutsche Übersetzung

Als vorläufiger Höhepunkt beginnt nun die *Allgemeine Jüdische Wochenzeitung* aus Deutschland eine Kampagne mit dem Ziel, den Münchner Piper-Verlag von der Edition der deutschen Ausgabe abzubringen. Wir haben das schon erlebt. Mit Hannah Arendt und ihrem *Eichmann in Jerusalem. Bericht von der Banalität des Bösen.* Oder mit Norman Finkelsteins früherer Arbeit *Eine Nation auf dem Prüfstand* über Daniel Goldhagens Buch *Hitlers willige Vollstrecker.* Der Schreibende hat es auch am eigenen Leib erfahren. In der Affäre rund um die Aufdeckung von Binjamin Wilkomirski alias Bruno Doessekkers Fälschung einer Holocaust-Autobiografie. Man versucht zu verhindern, daß ein Wort gehört wird. Gelingt dies nicht, erfolgt eine Kaskade von Verleumdungen, Psychologisierungen, neuen Lügen. Und mißlingt selbst dies, legt man mit Geschrei den Mantel des Schweigens um die Sache.

So müssen diese Zeilen ein Pamphlet zur Verteidigung werden. Nicht von einem Buch. Darüber hätte ich gerne, in Abwägung meiner Erkenntnisse und einiger Vorbehalte, geschrieben. In Würdigung seines Stils. Wie hat Lorenz Jäger in der FAZ geschrieben? Die Polemik macht ein Fenster auf. Ich würde mit Vergnügen die Unordnung betrachten, die der Durchzug im Programmablauf des Holocaust-Zirkus anrichtet.

Doch wo eine Person derart angegriffen wird, gilt es den Menschen zu verteidigen. Sein Recht, über Dinge zu schreiben, die der öffentlichen Verhandlung bedürfen, als Berufsmann, in diesem Fall also als Lehrer, Forscher und Schriftsteller, öffentlich tätig zu sein.

Hier scheint wieder einmal eine Aktion in Gang gekommen zu sein. Diesmal richtet sie sich gegen einen gewissen Norman Finkelstein. Hannah Arendt mußte nach ihrem *Eichmann in Jerusalem* in den frühen Sechzigerjahren einsehen, daß sie in einer solchen Kampagne, wo auf die Person gezielt wird, nichts ausrichten kann. Sie schwieg. Ihre Freunde wie Karl Jaspers und Mary McCarthy versuchten die Stimme zu heben. Sie waren zu wenig. Der Spuk ging vorüber, aber das Problem bleibt. Eine Konspiration der Ignoranz und des Opportunismus wirft ihren Bannstrahl. Sie trifft den Menschen. Aber immer meint sie, die Freiheit der offenen Debatte. Doch auf sie bleiben wir angewiesen, wollen wir Auschwitz für unsere Zeit besser verstehen.

Quelle: Tagesanzeiger, 13. September 2000

Michael Wolffsohn

Die jüdische Tragödie
als Schurkenstück?

Sachliches zu Norman G. Finkelsteins
»The Holocaust Industry«

»Die Juden sind eben doch betrügerische Erpresser. Sie
lassen sich den Holocaust versilbern«. Man hört und
liest, daß dies die Botschaft des Buches *The Holocaust
Industry* wäre, das der amerikanisch-jüdische Politikwissenschaftler Norman G. Finkelstein soeben in den
USA und Großbritannien veröffentlicht hat. Die Publi-
kation erregt die Deutschen, bevor sie überhaupt in
Deutschland erschienen ist. Schnell formierten sich
die deutschen pro-und-contra Meinungsfronten, wobei
besonders empörte Meinungsmacher die Meinungsfrei-
heit so interpretierten, daß man Finkelsteins Buch keinesfalls in Deutschland veröffentlichen sollte. Der
Piper-Verlag teilt dieses Demokratie-Verständnis nicht
und wird das Buch im Februar 2001 auf den Markt bringen. Prompt warfen Gutmeinende diesem (im Klischee
formuliert) eher linksliberalen Verlag vor, »Antisemitismus« zu kommerziellen Zwecken zu mißbrauchen.
Verschreckt durch jene Heftig- und Häßlichkeiten faßte
ich als braver »jüdischer Mitbürger« artig, also fast mit
der Beißzange, Finkelsteins Essay über den »Mißbrauch des jüdischen Leids« an.

Mein Doppelfazit nach der Lektüre: Erstens »Viel

Lärm um Nichts«. Zweitens: Über Bücher wird offenbar nach folgender Devise diskutiert: »Erst reden, dann lesen.« Finkelstein beschreibt nichts Neues. Von »Antisemitismus« kann keine Rede sein, denn Kritik von Juden an Juden gibt es, so lange es Juden gibt. Sie ist traditionell jüdische Selbstverständlichkeit, und außerdem haben schon zahlreiche andere Juden seit Jahren den amerikanischen Musical-Text »There is no business like show business« umgewandelt und verkündet: »There is no business like Shoah (= Holocaust) business«. Ja, manche Juden (ebenso wie Nichtjuden!) lassen sich den Holocaust versilbern. Das ist weder schön noch moralisch, aber neu ist es nicht. Erregte, entregt euch, bessert euch!

Ganz unter uns Pastorentöchtern: Der erste, der vor dem Versilbern des jüdischen Holocaustleids durch Juden warnte, war im Januar 1952 der damalige Oppositionsführer und spätere Ministerpräsident Israels, Menachem Begin. Er war dabei so konsequent, daß er es ablehnte, von Deutschland im Rahmen der finanziellen Wiedergutmachung »Blutgeld« anzunehmen. Kaum jemand käme auf den Gedanken, Begin »Antisemitismus« vorzuwerfen. Und daß der eher »rechte« Super-Zionist Begin geistiger Vater des eher »linken« und antizionistischen US-Juden Finkelstein wäre, dürfte auch niemand behaupten. Um es mit noch einem anderen Juden (Prediger Salomonis) zu sagen: Auch das ist »nichts Neues unter der Sonne«. Wir Juden sind eben weder so, wie es sich »der« Antisemit, noch so, wie es sich »der« Philosemit in seiner Verbohrtheit oder Wirklichkeitsfremdheit vorstellt. Wir Juden waren, sind und bleiben Menschen aus Fleisch und Blut – mit menschlichen Stärken und Schwächen. Das Realbild »vom Juden« ist gefragt, nicht das Zerr- oder Idealbild. Realistisch kritisiert Finkelstein die oft knallharte und nicht selten überzogene sowie rücksichtslose Interessenpolitik des Jüdischen Weltkongresses (JWK) unter Edgar Bronfman. Na und? Das völlig berechtigte Anliegen des JWK wird durch Mängel der JWK-Führung nicht unberechtigt. So wenig, wie Korruption im Roten Kreuz das Rote Kreuz an sich disqualifiziert.

Ebenfalls realistisch zeichnet Finkelstein die Zentralität, Absurdität und Opportunität des Holocaust sowie des Israel-Pseudos für die US-jüdische Identität. Das wissen wir ebenfalls längst. Ich selbst habe in »Ewige Schuld« (1988) oder »Meine Juden – Eure Juden« (1997) auf die Instrumentalisierung des Holocaust durch Juden (und Nichtjuden!) hingewiesen.

Finkelstein benennt die Symptome der jüdischen Krankheit, nicht ihre Ursachen, und er bezieht sie allein auf die US-Juden. Was er für typisch US-jüdisch hält, ist das tragische Dilemma der meisten Diasporajuden: Sie wollen Juden sein, aber sie können es nicht. Das ist die Post-Holocaust-Tragödie der Juden. Nach dem vermeintlichen »Tod Gottes« bleiben für die meisten nichtreligiösen Juden (und die meisten Juden sind nicht religiös) nur noch der Götze Holocaust und der Jüdische Staat als Stifter diasporajüdischer Identität. Wirklich absurd und albern ist es, wenn sich US-Juden so israelisch oder gar israelischer als Israelis geben. Da hat Finkelstein recht, zumal manche US-Juden für »unsere Siedlungen im Westjordanland« am liebsten bis zum letzten

Blutstropfen des letzten Israelis kämpfen würden. Total verfehlt ist aber Finkelsteins These, daß der Isrealismus der US-Juden allein die opportunistische Reaktion auf die seit 1967 pro-israelische Politik der US-Regierungen wäre. Jener Israelismus ist Symptom der diaspora- und US-jüdischen Leere, der die wirklich jüdische Lehre fehlt. Das eben ist die jüdische Tragödie, die Finkelstein in ein jüdisches Schurkenstück verwandelt.

Israelkritik muß unter demokratischen Juden und Nichtjuden selbstverständlich sein. Doch Antizionismus ist so töricht wie jede prinzipielle »Anti«-Haltung. In seinem Antizionismus verkennt Finkelstein oft die Politik Israels. Kennt er sie? Eher nein, meine ich nach der Lektüre. Anders als Finkelstein unterstellt, instrumentalisiert nämlich Israel den Holocaust für seine Außen- und Militärpolitik kaum noch. Anders in der Innenpolitik. Das führt dazu, daß dann ein Jude dem anderen vorwirft, »Judenmörder« oder »wie die Nazis« zu sein. Absurd, doch von Finkelstein gar nicht erwähnt. Womit wir bei einem anderen Problem sind: Wie seine Kritiker kritisiert Finkelstein manches, ohne es zu kennen. Deshalb ist sein Buch, das in seinem Kern bedenkenswert ist, Teil der allgemeinen Geschwätzigkeit, sei sie jüdisch oder nichtjüdisch. Schwätzer aller Länder, seid weniger forsch und forscht mehr, bevor ihr schreibt und redet!

Jedenfalls ist es höchste Zeit, daß deutsche Historiker und Publizisten nicht länger »ihre« Juden vorschieben, wenn Sie selbst keinen Mut haben, zu forschen und zu werten.

Quelle: Focus, 25. September 2000

Peter Novick

Offene Fenster und Türen

Über Norman Finkelsteins Kreuzzug

Als im Sommer 2000 die amerikanische Originalausgabe von Norman Finkelsteins Polemik *The Holocaust Industry* erschien, soll in Deutschland eine »Finkelstein-Debatte« entbrannt sein. Nachdem das Buch jetzt in deutscher Übersetzung vorliegt, kommt es vielleicht zu einer Neuauflage dieses Streits. Allerdings ist schwer zu erkennen, was genau an Finkelsteins Buch »strittig« sein soll.

Finkelsteins Behauptung, in den Verhandlungen mit Schweizer Banken und deutschen Industrieunternehmen hätten die Vertreter der Opfer mit überhöhten Zahlen gearbeitet, ist kaum bestreitbar. Es ist eine Tatsache – wie es auch Tatsache ist, daß die Gegenseite zu niedrige Zahlen vorlegte. Ebenso unbestreitbar ist, daß die Opfervertreter ihre Verhandlungspartner gelegentlich massiv unter Druck gesetzt haben – als Reaktion auf die Hartleibigkeit und Hinhaltetaktik der Banken und Unternehmen.

Zweifellos könnte man sich wünschen, daß die Verhandlungen anders geendet hätten; vor allem wünschte man sich, daß diese Dinge schon vor Jahrzehnten geregelt worden wären. Aber sie wurden nicht geregelt, und auch das ist unbestreitbar. All dies ist allgemein bekannt und wird allgemein beklagt. Was gab es und gibt es da zu streiten? Was im einzelnen Finkelsteins Behauptungen über Entschädigungszahlungen und Rückerstattung, aber auch andere Dinge betrifft, so ist die richtige Reaktion nicht ein eher putziger »Streit«, sondern die genaue Prüfung der Fußnoten. Diese Prüfung ergibt, daß viele Behauptungen Finkelsteins pure Erfindung sind.

Unter anderem sagt er, der Jüdische Weltkongress (JWC) habe »nicht weniger als rund 7 Milliarden US-Dollar an Entschädigungsgeldern angehäuft«. Finkelsteins Quelle für diese alarmierende Enthüllung ist ein Artikel in der *Frankfurter Allgemeinen,* in dem der wenig alarmierende Umstand mitgeteilt wird, der JWC habe darüber beraten, wie diese Gelder zu verteilen seien, falls sie eingehen. Das ist nicht einfach Fahrlässigkeit auf seiten Finkelsteins, da er bei der Niederschrift seines Buches genau wußte, daß der JWC noch keinerlei Geldmittel erhalten hatte: Es ist bewußte Irreführung. (Die Beispiele ließen sich vermehren. Keine von Finkelstein behauptete Tatsache ist unbesehen als Tatsache, kein Zitat unbesehen als korrekt anzunehmen.)

Oder geht es in der »Finkelstein-Debatte« vielleicht um die Generalthese, die hinter all dem steckt? Diese These wird in dem Buch unmißverständlich formuliert und läßt sich leicht zusammenfassen: »Amerikanisch-jüdische Eliten« haben eine »Holocaust-Industrie« aufgebaut, die ihren eigenen, selbstsüchtigen Interessen dient. Niemand, der Finkelsteins lebenslangen Kreuzzug gegen Israel kennt, wird sich darüber wundern, daß das vornehmste Interesse dieser Eliten die »Rechtfertigung der verbrecherischen Politik des israelischen Staates« ist.

Allerdings wäre es in Finkelsteins Augen ein Fehler, den »amerikanisch-jüdischen Eliten« Aufrichtigkeit in ihrer Sorge um Israel zu unterstellen. In Wirklichkeit, so Finkelstein, sind diese Eliten lediglich speichelleckende Handlanger des amerikanischen Imperialismus. Israel begannen sie erst zu unterstützen, als es zum willigen Instrument der US-Politik wurde; sobald Israel aufhörte, ein »strategischer Trumpf« der USA zu sein, würden sie es fallen lassen.

Die »Holocaust-Industrie« dient laut Finkelstein auch innenpolitischen Zwecken der USA. Das Wachhalten der Erinnerung an den Holocaust immunisiert amerikanische Juden gegen »begründete Kritik« an ihrem Abdriften nach rechts in den letzten Jahren. Doch wiederum darf man laut Finkelstein den »amerikanisch-jüdischen Eliten« keine Aufrichtigkeit unterstellen, was ihre Sorge um den Ruf des amerikanischen Judentums angeht: »Sollten führende Kreise der USA beschließen, Juden zum Sündenbock zu machen, dürfte es niemanden wundern, wenn amerikanisch-jüdische Führer genauso handelten wie ihre Vorgänger im Nazi-Holocaust … »Juden würden Juden in den Tod führen.«

Das generelle Argument in Finkelsteins Buch lautet, daß »amerikanisch-jüdische Eliten« sich allein zur Förderung ihres privaten Interesses verschwören, um ihre Taschen zu füllen und »Zugang zum Allerheiligsten der amerikanischen Macht zu haben«. Für diese Eliten erfüllt laut Finkelstein »der Holocaust dieselbe Funktion wie Israel: Er war ein weiterer unschätzbarer Chip in einem um höchsten Einsatz gespielten Machtspiel«. Was es wirklich mit den Entschädigungszahlungen und Rückerstattungsverhandlungen auf sich hat, kann man nach Finkelstein nur verstehen, wenn man sich diese langjährige Verschwörung »jüdischer Eliten« bewußt macht.

Ich hätte nie geglaubt, daß es in Deutschland (außer in der verächtlichen Randzone) Menschen gibt, die diesen Neuaufguß der *Protokolle der Weisen von Zion* ernst nehmen. Ich habe mich jedoch geirrt: Im Sommer 2000 verglich der Rezensent der FAZ den Autor der »Holocaust-Industrie« mit Hannah Arendt und sagte, die Lektüre dieses Buches sei »wie das Öffnen eines Fensters, um frische Luft hereinzulassen«.

Begreiflicherweise bestürzt über solche Reaktionen auf das Buch, gab es andere Leute in Deutschland, die meinten, es sei für Deutsche »unzulässig«, die von Finkelstein aufgeworfenen Fragen zu diskutieren. Als Außenstehender zögere ich, meine Meinung darüber zu äußern, wie die Deutschen ihren öffentlichen Diskurs führen sollten. Ich muß aber sagen, daß ich dagegen bin, irgendein Thema für »unzulässig« oder »verboten« zu deklarieren. Das gilt ganz besonders für Themen, die mit der Erinnerung an den Holocaust zu tun haben.

Deutschlands Verhältnis zum Holocaust und zur Erinnerung daran ist nicht ein für allemal – in Stein gemeißelt – »gegeben«, sondern muß, wie jedes Verhältnis zwischen einem Kollektiv und seinen Erinnerungen, ständig neu überdacht und neu verhandelt werden.

Unter den amerikanischen Juden ist dieses Neuüberdenken und Neuverhandeln unseres Umgangs mit der Erinnerung an den Holocaust schon seit längerer Zeit im Gange und hat Anlass zu lebhaften Auseinandersetzungen gegeben.

Natürlich sind die zwei Fälle nicht zu vergleichen, doch kommen in der Diskussion weitgehend dieselben Fragen auf: Was soll sich im Laufe der Jahre in unserem Verhältnis zur Erinnerung verändern, und was soll gleich bleiben? Wie steuert man einen guten Kurs zwischen Vergessen und Obsession? Welches relative Gewicht soll dieser Erinnerung zukommen, verglichen mit anderen Erinnerungen aus der kollektiven Vergangenheit? Und wenn wir Fehler gemacht haben: Wie können wir aus diesen Fehlern lernen und es künftig besser machen?

Auf beiden Seiten des Atlantiks darf die Diskussion über diese Fragen nicht nur »zulässig« sein; im Gegenteil sind solche Diskussionen höchst wünschenswert. Aber Finkelsteins Tiraden tragen zu ihnen nichts bei, sondern sind ihnen abträglich.

Quelle: Süddeutsche Zeitung, 6. Februar 2001
Deutsch von Irene Adler

Jakob Augstein

Am Tatort der Debatte

Norman Finkelsteins bizarrer Berlin-Besuch:
tonlos und stürmisch

Neulich hat ein Journalist Norman Finkelstein besucht.
In der Wohnung in Coney Island, wo Finkelstein die
Bilder seiner Eltern hat, die den Holocaust überlebten,
und die Bilder all der anderen Verwandten, die ermordet
wurden. Der Vater war in Auschwitz. Die Mutter in
Majdanek. Hat Finkelstein mit den Eltern über das
gesprochen, will der Journalist wissen, was sie im
KZ erlebten? Finkelstein sagt, nein, seine Angst sei zu
groß gewesen. Die Furcht, daß er, der Sohn, wenn er
erfahren habe, wie sehr Vater und Mutter gelitten
haben, nie mehr in der Lage sein würde, sich von ihnen
zu lösen. Man liest das, zur Vorbereitung, weil Finkelstein nach Berlin kommt. Man wundert sich: Warum
einen Historiker zu Hause besuchen, der ein Buch
geschrieben hat, das er *The Holocaust Industry* nennt?
Ein Buch, in dem es heißt, die Juden würden die Deutschen und die ganze Welt mit den Lagern erpressen. Die
Eltern – gibt es mit ihm nichts anderes zu besprechen?

   Und dann ist Finkelstein in Berlin, auf der Bühne,
und redet – und man sieht: Der Autor und sein Buch
sind eins. Man kann sie nicht trennen. Und man kann
das Buch nicht verstehen, ohne den Mann gesehen zu

haben. Und das ist eine sonderbare, traurige Erfahrung. Wie dieser ganze Abend in der Berliner Urania.

Über Lautsprecher wird den Wartenden immer wieder mitgeteilt, daß es zwecklos sei: ausverkauft. Der Piper-Verlag freut sich. Zweihundert Journalisten drängten sich schon auf der Pressekonferenz am Morgen. Salomon Korn von der Jüdischen Gemeinde aus Frankfurt hatte in den vergangenen Monaten gefordert, die deutsche Übersetzung nicht zu veröffentlichen. Vergeblich. Sich der freiwilligen Zensur unterziehen? Das wäre Piper nicht im Traum eingefallen. Man müsse doch reden über die Dinge. Ganz offen. Startauflage 50 000. Und nun ein volles Haus am Abend. Ein Erfolg. Schon jetzt. Haben die Leute von Piper damit gerechnet, was für ein Erfolg dieser Abend werden würde? Und für wen?

Außer Thesen nichts gewesen?

Finkelstein bekommt das Wort. »Rücksichtslose Ausbeutung des jüdischen Leidens«, »die Würde des jüdischen Volkes muß wiederhergestellt werden«, »die Holocaust-Industrie muß geschlossen werden.« Wer das Buch gelesen hat, kennt die Thesen, wer die Debatte verfolgt hat, die seit dem vergangenen Sommer in den Feuilletons gelaufen ist, kennt die Argumente, die des Autors und die seiner Gegner. Sie werden hier noch einmal ausgebreitet.

Aber die Stimme! Sie paßt nicht zum Redner. Sie kommt von weit her. Leise, gepresst, heiser und lang-

sam redet Finkelstein. Tonlos. Sie muß einem kranken
Mann gehören, einsam, traurig und uralt. Aber Finkelstein ist erst 47, er sieht gut aus, mit kantigem Gesicht,
trainiert, aufrecht sitzend. Ein Asket. Und ein Moralist.
So stellt er sich dar. Das ist der Gestus seines Buches:
Rache für eine angebliche zweite Schändung der Juden
durch die Instrumentalisierung des Holocaust – für politische Zwecke und für finanzielle.

Finkelsteins Thesen: Der Holocaust diente den amerikanischen jüdischen Eliten zur Stärkung der israelischen Position in den USA. In den USA habe sich eine
Holocaust-Ideologie herausgebildet, die den Judenmord
sozusagen liturgisiert habe und es verbiete, diesen
Völkermord mit anderen Ereignissen der Geschichte
zu vergleichen. Jüdische Organisationen hätten die Ent-
schädigungssummen nur zum Teil an die Opfer aus-
bezahlt und zum anderen Teil für eigene Zwecke
gebraucht. Was falsch an diesen Thesen ist, wurde
widerlegt. Was richtig ist, wurde nicht als Finkelsteins
eigener Beitrag anerkannt.

Auf dem Podium neben Finkelstein: Die Schriftsteller
Sten Nadolny und Rafael Seligmann, der Historiker
Peter Steinbach und als Moderator der SZ-Redakteur
Johannes Willms. Das alles klinge ihm zu sehr nach Verschwörungstheorie, sagt Seligmann: »Paranoiker lieben
solche Geschichten.« Finkelstein sei ein Fälscher: Sieben Milliarden Dollar habe die Jewish Claims Conference kassiert, behaupte er, um den unendlichen Reich-
tum der jüdischen Lobby zu demonstrieren. Tatsächlich
aber habe die Dachorganisation der jüdischen Verbände
dieses Geld eben noch nicht erhalten. Man könnte noch

sehr viel mehr Beispiele nennen, wo Finkelstein freizügig mit der Wirklichkeit umgeht. Seligmann nennt nur dieses eine und erntet dafür schon heftige Protestrufe aus dem Publikum. Die vielleicht tausend Zuhörer in der Berliner Urania wollen nämlich von einer Kritik an Finkelsteins Thesen gar nichts hören.

Einen Tag zuvor, als in der jüdischen Gemeinde ein anderes Buch über die Rolle des Holocaust im amerikanischen Leben vorgestellt wurde, waren nur 150 Zuhörer gekommen. Peter Novick hat, da sind sich alle Besonnenen einig, das bessere Buch geschrieben: Es ist besser recherchiert, und es argumentiert besser. Was er über die Politisierung und vor allem die Sakralisierung des Holocaust zu sagen hat, ist für die amerikanischen Juden darum nicht weniger heikel. Aber es ist weniger spektakulär. Weniger polemisch. Und weniger haßerfüllt als Finkelsteins Werk.

3500 Dollar und zehn Stunden

Plötzlich redet der Historiker Steinbach von den Eltern. Er könne Finkelsteins Enttäuschung verstehen, sagt er. Die Mutter habe eine Entschädigung in Höhe von nur 3500 Dollar erhalten. In seinem Buch hatte Finkelstein aber noch mehr geschrieben: Er vergleicht diese Summe mit den Bezügen der jüdischen Lobbyisten in den USA: Was seine Mutter für sechs Jahre in Majdanek erhalten habe, verdiene der eine in zwölf Tagen, der andere in vier und der dritte in zehn Stunden. Ein sonderbarer Vergleich – und ein trauriger.

166

Mit persönlichen Fragen habe das alles nichts zu tun, sagt da Finkelstein, immer noch ganz unbewegt, starr ins Nichts guckend. Er zitiert jüdische Historiker, die, wie er, die »Erpressung« durch jüdische Organisationen beklagen, das »Beutesuchen«. Und er sagt den Satz: »Der gute Wille vieler Deutscher wird manipuliert und ausgebeutet.« Viel Beifall im Publikum. Ein paar Protestrufe. Dieser Abend ist eine bizarre Inszenierung der deutschen Seele mehr als ein halbes Jahrhundert nach den Morden.

Transparente werden entrollt: »Holocaust Industrie = Siemens«. Protestgeheul im Publikum. Zwei Männer stehen auf und brüllen »Deutsch und frei und national!«, andere schreien sie nieder, Faustschläge werden ausgetauscht, aus allen Kehlen schallt es: »Nazis raus«, die Polizei stürmt in den Saal.

Und aus dem Tumult erhebt sich wieder die leblose Finkelstein-Stimme wie aus der Ferne. Norman G. Finkelstein, dessen Eltern knapp dem Grauen entgingen und dies Grauen doch mit in ihr Leben nahmen und in das Leben ihres Sohnes, sagt allen Ernstes: »Man muß es würdigen, daß Sie als Deutsche sich bemühen, mit ihrer Vergangenheit fertig zu werden. Sie kämpfen da mit. Sie sind uns Amerikanern um Lichtjahre voraus.«

Wen kümmert es hier, daß er das als amerikanischer Jude sagt, der einen Strauß auszufechten hat mit anderen amerikanischen Juden. Mit dem akademischen Establishment. Mit der amerikanischen Öffentlichkeit, die sein Buch zunächst gar nicht beachtete (»It dropped like a stone«, schrieb der *Economist*).

Als es dann endlich in Großbritannien und der Bundesrepublik diskutiert wurde, vernichtete Omer Bartov *The Holocaust Industry* in der *New York Times:* »Anstö-ßig, unreif, selbstgerecht, arrogant und dumm.« Wen kümmert es hier, daß Finkelstein auch als amerikanischer Linker spricht, der seinen Landsleuten nicht die Unterdrückung der Schwarzen verzeiht, nicht den Krieg in Vietnam und nicht die Ausrottung der Indianer.

Aber es kümmert die Leute in diesem Saal auch nicht, daß er das alles in Berlin sagt, wo in ein paar Schritten Entfernung der Führerbunker immer noch unter der Erde liegt; in Berlin, wo es in den Herzen der Menschen eine verzweifelte Sehnsucht gibt nach dem Ende der Schuld.

Finkelstein fuhr dann weiter nach Zürich, und auch in Wien wird er sprechen. Am Wochenende will er heim nach Coney Island, in die Wohnung, wo seine toten Eltern auf ihn warten und all die anderen Toten.

Quelle: Süddeutsche Zeitung, 9. Februar 2001

Peter Steinbach

Vorwärts in die fünfziger Jahre

Also mal wieder eine geschichtspolitische Debatte. Wie beim Historikerstreit, wie in der Goldhagen-Debatte, wie beim Streit um den Hitler-Attentäter Johann Georg Elser scheint es um das deutsche Selbstverständnis zu gehen. Die Medien verstärken den Streit. Einige wie Michael Brenner (*Tagesspiegel* vom 5. 2. 2001) warnen davor, sich in die Diskussion einzuschalten (was er mit dieser Warnung längst getan hat). Andere werden ihre Vorurteile artikulieren, und mit Sicherheit wird das Stammtischgerede in die Feuilletons und die Leserbriefe hineinschwemmen. Denn mehr als die Kontrahenten der erwähnten Debatten bedient Finkelstein gerade jene Stimmungen, die sich sonst nur schwer artikulieren, weil ihnen mediale Resonanz fehlt. Finkelstein wird ihr Verstärker sein und Ansichten Widerhall verschaffen, die vor Jahren einfach degoutant waren.

Ein Verschwörungstheoretiker

Dafür gibt es viele Gründe: Israels Palästina-Politik, das Verhalten israelischer Soldaten im Libanon, die Ankündigung von Sammelklagen, das Unbehagen über das geplante Denkmal zur Erinnerung an die Ausrottung der europäischen Juden. Hinzu kommt die Neigung, in der Verletzung von Normen, die als Ausdruck der *political correctness* ins Zwielicht gerückt werden, eine Artikulation geistiger Unabhängigkeit zu sehen. »Man wird doch noch einmal fragen dürfen?« Mit diesem Satz lassen sich Opferzahlen und sogar der Massenmord in Vernichtungslagern in Zweifel ziehen, damit läßt sich der Alleingänger Elser zum leichtfertig handelnden Mörder an Schuldlosen machen. So werden sich die zeitgeschichtlichen Zweifler auf Finkelstein berufen. Sie werden die Freiheit der Diskussion beschwören – und doch nur deutlich machen, daß die deutsche Gesellschaft jenes historische Selbstverständnis verlassen hat, das sich in den fünfziger und sechziger Jahren in Verjährungsdebatten, in der Konfrontation mit den NS-Prozessen und Theaterstücken wie Hochhuths »Stellvertreter« oder der »Ermittlung« von Peter Weiss gebildet hatte.

Der Stimmungswandel ist offensichtlich. Man denke etwa daran, daß vor einigen Jahren die Karriere eines bayerischen Bundestagsabgeordneter fast an seinem Satz gescheitert wäre, wenn das Geld in der Kasse klingele, sei auch der Jude nicht weit. Man erinnere sich daran, daß in Helmstedt ein Realschullehrer vorzeitig in den Ruhestand geschickt wurde, weil er sich an der Diskussion über angeblich weit überhöhte Ermordetenzahlen beteiligte. Leichtfertig über die Zahl der NS-Opfer zu diskutieren, überschritt einfach die Grenzen des politischen Anstands. Finkelsteins Beitrag bezieht sich auf eine inneramerikanische Debatte. Mit der Übersetzung wird seine Kritik am amerikanischen Judentum in einen deutschen Diskussionszusammenhang übertragen, der sich völlig von dem unterscheidet, was jenseits des Atlantiks entstand: Museen zum Holocaust, *teaching* Holocaust in den Schulen und Universitäten, Opferverbände, die sich aus der Universalisierung ihres Anliegens rechtfertigen, prägen dort die Debatte. Das Buch beeinflusst die deutschen Debatten über den Völkermord und seine Folgen, nur das kann hier zählen. Deshalb ist es unwichtig, welche persönlichen Verletzungen Finkelstein bearbeitet. Tief geprägt durch den Einfluss, den das Leiden seiner Eltern auf ihn machte, halte ich seine lebensgeschichtlich begründete Kritik an der Entschädigungspraxis sogar für plausibel und nachvollziehbar. Im deutschen Kontext aber scheint Finkelstein zum Instrument gegen eine Auseinandersetzung mit der Zeitgeschichte zu werden, die Aufklärung, moralische Reflexion und die Verpflichtung zur Entschädigung verband.

Finkelstein verortet sich in der heftigen Diskussion, die in den USA seit langem über die Deutung des Holocaust als Bestandteil einer neuen Zivilreligion geführt wird. Er tritt gegen Essentialisten der Deutung des Völkermords wie Elie Wiesel an, die im Holocaust ein singuläres Ereignis sehen. Er selbst könnte, wie Peter

Novick, sein Konkurrent auf dem Büchermarkt und ähnlich gestimmter Widersacher, als Kontextualist bezeichnet werden, weil er versucht, die Erinnerung an den Holocaust in Zusammenhänge des Gedenkens zu rücken. Ein »jüdischer Raubzug« in Europa?

Die essentialistischen und kontextuellen Muster sind verständlich und legitim, sie markieren unterschiedliche Zugänge und Funktionen des Erinnerns, schließen sich keineswegs zwingend aus und sind für Polemik eher ungeeignet. Finkelstein zeigt, wie schon viele vor ihm, daß Erinnerung eine Geschichte hat und öffentliches Gedenken politische Entwicklungen reflektiert.

So weit, so gut. Aber darf dies dazu führen, verschwörungstheoretisch Sprecher der amerikanischen Juden als Angehörige eines Selbstbedienungsladens zu bezeichnen oder gar von einem »Raubzug« jüdischer Verbandsvertreter gegen die Deutschen zu sprechen? Nein, das ist unter aller Kritik.

Ich kann in einer erfolgreichen materiellen Entschädigung nichts Verwerfliches sehen. Die deutsche Wirtschaft tut sich bei der Bereitstellung der insgesamt ja geringen Beiträge zur »Stiftungsinitiative« äußerst schwer, und jahrelang haben deutsche Banken erfolgreich ihre Verstrickung in die Enteignung und Ausnutzung jüdischen Besitzes vertuscht. Doch Finkelstein verachtet die Erfolge aller Akteure der Wiedergutmachungspraxis und verfängt sich hoffnungslos in erbärmlichen Verschwörungsvermutungen. Ihm fehlt jedes Gespür für die Widerstände, die Interessenvertreter der Opfer zu überwinden hatten, um Prinzipien der Wiedergutmachung als Grundlage einer moralischen Verpflichtung durchzusetzen. Er hat nur einen Blick für die amerikanischen Verhältnisse, nicht für die europäischen. Deshalb sind seine Thesen mißverständlich, verletzend und, im Hinblick auf den deutschen Rechtsextremismus, gefährlich.

Die Finkelstein-Debatte ist auch etwas fundamental anderes als die Kontroversen um Ernst Nolte und Daniel Goldhagen. Bei Nolte ging es um Wertungen und Kausalitäten, nicht zuletzt um Fragen des Vergleichs, bei Goldhagen um die politisch-kulturellen Voraussetzungen, warum so viele Deutsche die Entrechtung und Ausrottung angeblich »Minderwertiger« hinnahmen. Finkelsteins Interesse gilt der Untersuchung geschichtspolitischer Strategien und Taktiken der Wiedergutmachung. So ist Holocaust Industry für ihn nicht der Komplex fabrikmäßig betriebener Tötung, keine Chiffre für die rassenpolitischen Kriegsziele der deutschen Führung, sondern angeblich eine Bereicherungsstrategie, die sich gegen die Deutschen, aber auch gegen normale überlebende Juden richtete und andere Juden, die angeblich beste Verbindungen zu amerikanischen jüdischen Interessengruppen hatten, ungerechterweise begünstigte. »Holocaust Industry« hat die Chance, zum Unwort des Jahres 2001 zu werden.

Meinungen, nichts als Meinungen

Letztlich geht es Finkelstein um Wertungsfragen. Die sind wohlfeil, häufig nicht einmal überprüfbar an der Realität. Bereits Hannah Arendt hatte beobachtet, daß

173

die Deutschen unmittelbar nach dem Krieg dazu neig-
ten, bei ihrer erklärenden und sie selbst entlastende Ver-
arbeitung zeitgeschichtlicher Erfahrungen die Wirklichkeit in Meinung aufzulösen. Finkelstein macht
deutlich, daß dieses Diktum nicht nur für die deutsche
Seite gilt. Wie weit darf man bei dieser Auflösung der
historischen Realität in Tagesmeinungen gehen?

Eingedenk dessen muß man sich nochmals vergegenwärtigen, worum es bei der »Wiedergutmachung« ging.
Die Realität des Völkermords an den Juden war geprägt
durch alltägliche Entrechtungen, durch die Verdrängung der Juden aus dem Wirtschaftsleben, durch das
Novemberpogrom 1938, durch Enthausung und Gettoi-
sierungen, durch Deportationen und schließlich den
industriemäßig betriebenen Völkermord. Vorher wurden die Ausgegrenzten drangsaliert, ausgeplündert,
wohlgemerkt auf Befehl eines Staates, der sich das Vermögen der Todgeweihten überdies räuberisch aneignete
und mit ihnen die Mordaktionen finanzierte. Dieses
Makro-Verbrechen ist die Voraussetzung jeglicher
finanzieller Wiedergutmachung. Denn es ist einfach
unvorstellbar, daß ein verbrecherischer Staat die Vorteile dauerhaft genießt, die er aus seinen Verbrechen
zieht. Die Praxis der »Wiedergutmachung« läßt sich
nicht als Ausdruck der Holocaust Industry bezeichnen.
Warum sagt Finkelstein das nicht?

»Wiedergutmachung« ist ein verlogenes Wort. Ver-
mögensschäden ließen sich ersetzen, Zwangsarisierun-
gen rückgängig machen, die Schäden an Leib und
Leben, die durch Entrechtung, Verfolgung, Vertreibung
und Deportation entstanden, konnten nicht im versiche-

rungstechnischen Sinn ersetzt werden. Und natürlich ist
es völlig abwegig, sich vorzustellen, daß sich Ermor-
dungen, Hinrichtungen und Vergasungen aufrechnen
lassen.

Nach Kriegsende stellte sich zudem noch ein weiteres Problem: Sollte der Nachfolgestaat des NS-Staates,
die Bundesrepublik Deutschland, wirklich die »erbenlo-
sen Vermögen« erhalten, die an den deutschen Staat zu
fallen drohten, weil es nach dem Völkermord, den die
Nationalsozialisten »Endlösung der Judenfrage« nann-
ten, keine anderen Erben gab? In den fünfziger Jahren
war die deutsche Seite dankbar, daß es jüdische Organisationen und den Staat Israel als Empfänger für Entschädigungen gab. Die »Wiedergutmachung« war die
Voraussetzung für die politische internationale Anerkennung, die Deutschland allmählich wieder gewann.
Man war froh, auf diese Weise in den Kreis der zivilisierten Nationen zurückkehren zu können. Deshalb
stellt sich eine weitere wichtige Frage: Was ist eigentlich der materielle Kern der Überlegungen von Finkelsteins Polemik? Weil er Meinungen produziert, mit den
Zahlen von Überlebenden spielt und so indirekt auch
bestens gesicherte Zahlen der Ermordeten in Zweifel
zieht, begibt er sich in die Gefahr, nicht nur Beifall von
der falschen Seite zu bekommen, sondern Geister zu
wecken, deren er nicht mehr Herr werden kann. Bald
werden sich die Kritiker »der Juden« artikulieren, die
nichts zu unterscheiden wissen, die nur sich sehen, die
sich nicht vorstellen können, unter welchen Bedingun-
gen ehemalige Zwangsarbeiter im Osten leben und wie
gering die Entschädigungsbeträge sind, die sie erwarten

können. Vermutlich kehren mit Finkelstein die Argumente der Unbelehrbaren und der »moralisch Anspruchslosen«, wie sie Theodor Heuss nannte, aus den frühen fünfziger Jahren zurück. Damals rechneten die Deutschen fleißig auf, bezeichneten unverdrossen nationalsozialistische Gewaltverbrechen als Kriegsverbrechen oder die Mordaktionen der Einsatzgruppen als »Partisanenkampf«, das qualvolle Sterben sowjetischer Kriegsgefangener gar als Folge der »schwierigen Umstände« hinter der deutsch-russischen Front. Sie verglichen den Völkermord an den Juden, an Sinti und Roma gern mit den »Terrorangriffen« der Alliierten auf Hamburg, Köln und Dresden. Weil viele die Wirklichkeit des systematisch betriebenen Völkermords nicht aushielten, akzeptierten sie schließlich so angenehm fremd und harmlos klingende Begriffe wie Holocaust und Shoah, eigentlich Entfremdungs- und Verniedlichungsformen der »Endlösung der Judenfrage« im Zuge von Ermordungsaktionen, die sich gegen Alte, Frauen, Kinder und andere Wehrlose richtete. Als Ernst Nolte Mitte der Achtziger Jahre von der nationalsozialistischen Zeit als einer Vergangenheit sprach, die nicht vergehen wolle, hatte er den Generationenkonflikt vor Augen, der sich der Auseinandersetzung mit der Lebensgeschichte der Elterngeneration bediente. Darum geht es bei der FinkelsteinDebatte nicht mehr. Denn jetzt sind jene herausgefordert, die immer Entschädigungen wollten und sie gegen große Teile der deutschen Gesellschaft durchsetzten, die sich der Verdrängung widersetzten, übrigens schon lange vor 1968, die dem »Gnadenfieber« der fünfziger Jahre und den Verjäh-

rungsmechanismen des Strafrechts widerstanden. Die
Finkelstein-Debatte berührt im deutschen Kontext deshalb einen Lebensnerv der Nachkriegsgesellschaft und
ist deshalb kein beliebiger Meinungsstreit über die Vergangenheit. Bis jetzt ging es meist um Ausstellungs-
und Museumspläne, um Mahnmale, um Ästhetik und
ihre Angemessenheit. Doch nie wurde dabei eines in
Frage gestellt: die Bewertung des Völkermords an den
Juden. Das scheint mit Finkelstein anders geworden
zu sein.

Bisher war im Zusammenhang der nationalsozialistischen Gewaltverbrechen eher der Begriff des »industriemäßig organisierten Völkermordes« gebräuchlich.
Er war in den sechziger Jahren von dem damaligen Leiter der Ludwigsburger Zentralen Stelle der Landesju-
stizverwaltungen zur Verfolgung nationalsozialistischer
Gewaltverbrechen Adalbert Rückerl während der Verjährungsdebatten der Jahre 1965, 1969 und 1979 in die
deutsche Diskussion gebracht worden und zielte auf die
vergangene Realität, nicht auf den Umgang mit der Vergangenheit. Die Unterscheidung zwischen der vergangenen Wirklichkeit und ihrer Deutung durch die Nach-
lebenden ist wichtig, wenn man über den Völkermord
diskutiert. Die vergangene Wirklichkeit kann nicht zur
Diskussion stehen, denn sie ist nicht veränderbar. Es ist
fatal, wie in der europäischen Geschichte die Auseinandersetzung mit der gesellschaftlichen Rolle der Juden
immer wieder benutzt wurde, um Stimmungen zu
bedienen. In diese Tradition stellt sich Finkelstein. Vor
1933 verwiesen Demagogen auf die zerstörerische Wirkung der wirtschaftlichen Macht des Judentums, spra-

chen von Verschwörungen und wollten die Nichtjuden zu Opfern des jüdischen Geldstrebens machen. Antisemiten machten Juden für den Kapitalismus und den Bolschewismus, für die Freimaurerei und den Liberalismus, für den Versailler Vertrag und die Novemberrevolution, für Verfall der Sitten und des politischen Stiles verantwortlich. Kein politisches Interesse, das sich nicht mit dem Antisemitismus verbinden ließ.

Schuld und Sühne

So schien es, als sei der Völkermord an den Juden eine putative Abwehrmaßnahme gewesen. Die pädagogische Konsequenz dieser sich zur Katastrophe von Auschwitz steigernden Überzeugung war der rasch hilflos wirkende Appell »Wehret den Anfängen!« oder das Versprechen »Nie wieder!«. Schwüre wurden abgegeben, Gedenkfeiern veranstaltet, Denkmäler errichtet. Dies alles reagierte nicht auf Erwartungen der Juden, sondern entsprach der Sühnebereitschaft der Tätergesellschaften. Die Erinnerungen an die Verbrechen des Völkermordes verfestigten sich nicht als Folge kollektiver Erpressungen, sondern als Versuch, mit dem Unfaßbaren und Unvorstellbaren irgendwie fertig zu werden.

Die deutsche Nachkriegs-Beschäftigung mit der Vergangenheit war mühsam und voller Widerstände. Die Nürnberger Prozesse gaben den Mitläufern noch die Chance, sich einzureden, die politischen und militärischen Führer seien verantwortlich. Die Entnazifizierungsverfahren öffneten die Schleusen des Selbstmitleids wie des Entlastungsgeredes. Doch die Konfrontation mit den Verbrechen schuf bald eine Grundlage für eine Auseinandersetzung mit der Vergangenheit, die nicht mehr nur Wiedergutmachung sein wollte, sondern sich an der Aufarbeitung versuchte. Das alles läßt sich nicht relativieren, indem man das Zerrbild einer Holocaust Industry zeichnet, das sein Geschäft mit Leichen macht. Finkelstein polemisiert gegen die Macht jüdischer Organisationen in den Vereinigten Staaten. Der deutschen Industrie hingegen wäre ja gerade zu wünschen, daß starke Opferverbände Druck machen. Sie sperrt sich weiterhin ihren, nach Steuern, wahrlich geringen Beitrag zur Entschädigung von Zwangsarbeitern zu leisten. Er macht nur einen Bruchteil jener Beträge aus, mit denen Unternehmensübernahmen finanziert werden. Das ist das Thema, unser Thema. Finkelsteins Rundumschläge können uns nicht davon ablenken.

Quelle: Der Tagesspiegel, 10. Februar 2001

Sten Nadolny

Abstand vom Holocaust

Finkelsteins Mut und seine Fehler

Auf dem Umschlag der amerikanischen Ausgabe von
Norman G. Finkelsteins Buch ist ein Davidsstern aus
Leuchtröhren zu sehen: Reklamezeichen eines Ge-
schäfts, einer Firma. Damit wird ins Bild gerückt,
was ein israelischer Außenminister einst als »Shoah-
Business« bezeichnet hat. Von einer »Holocaust-Industrie« zu reden ist in jedem Fall falsch. Was Finkelstein beschreibt, wäre allenfalls ein »Kartell« oder
ein »Komplex«, universal und globalisiert: Dogmen
wie in einer Kirche, Erpressung von Banken und
Regierungen wie bei der Mafia, dazu ein ideologiege-
tränktes Informationsprogramm – Schoa-Infotainment
sozusagen.

Aus dem Buch von Peter Novick, »Nach dem Holocaust«, hat Finkelstein viele Beobachtungen übernommen, er macht aber etwas anderes daraus. Novick ist
ein bißchen wie ein botanischer Forscher: Er überblickt
den gesamten Garten des Holocaust-Gedenkens und
-Studiums in den Vereinigten Staaten und prüft, was da
gedeiht, zu üppig geworden oder verkümmert ist. Er
kritisiert zumal eine Sakralisierung des Holocaust und
interessiert sich dafür, wie Lüge sich in Wahrheit mischt

und wie dagegen anzugehen wäre. Finkelstein haßt die Lüge. Er haßt auch die Religion, die er für Lüge hält.

Er stellt die alte und immer unfeine Frage: Wer profitiert? Es ist die klassische »linke« Frage, die aber oft angebracht ist und mancher muffig gewordenen Debatte frische Luft zuführen kann. Finkelsteins Buch ist, anders als das von Novick, eine Art Anklageschrift – der »Verschwörungstheorie« hat man ihn bezichtigt, als sei das etwas ganz Schlimmes. Aber solange es Verschwörungen gibt, darf es auch die Theorien geben, sonst hätten wir kein Buch über die Dreyfus-Affäre.

Finkelstein hat tüchtig ausgeteilt und dafür Schmähungen erfahren, die ich panisch nennen möchte: panische Abwehr einer Meinung und Anklage, die sich von der weltweit maßgebenden Auffassung abhebt. Aber die Korrektivmechanismen der Gesellschaft funktionieren nun einmal nur dann, wenn es Leute gibt, die – aus welchen biographischen und psychologischen Gründen auch immer – das Gegenteil von dem behaupten, was die große Menge sagt. Das sollten wir hierzulande wissen. Ich bewundere Finkelstein für seinen Mut, auch wenn ich mit seinem Buch nicht glücklich geworden bin. Mut ist etwas Ermutigendes auch für andere und in ganz anderer Sache. Ich habe mich nach Lektüre der amerikanischen Ausgabe beim Verlag mit dafür eingesetzt, daß das Buch auf deutsch erscheint und also auch hierzulande kritisch durchleuchtet werden kann.

Hat Finkelstein recht? Ich denke, sein Schuß ist zwar legitim, geht aber über das Ziel hinaus. Zunächst ist es unstrittig ein Gebot des Anstands, daß an Überlebende der Schoa Geld gezahlt wurde und wird – ich habe Probleme damit, überhaupt zu ermessen, wann solche Forderungen »überhöht« sein könnten, und mein Mitleid mit den zur Rechenschaft Gezogenen ist begrenzt. Etwas anderes ist es mit unberechtigten oder einseitigen Forderungen – etwa wenn Schweizer Banken wegen verwaister jüdischer Konten zur Kasse gebeten, amerikanische und israelische aber ungeschoren gelassen werden. Soweit bin ich mit Finkelstein einig. Zu seinem Vorwurf des Betrugs oder der Hinterziehung (gerichtet an die jüdischen Organisationen) kommt Finkelstein vor allem dadurch, daß er seinerseits so etwas wie ein Dogma aufstellt: Alles Geld denen, die die KZs überlebt haben! Das ist für ihn die alleinseligmachende Verwendung. Wenn Geld jüdischen Einrichtungen oder gar Gedenkstätten zufließt, sieht er bereits darin einen Skandal. Ich denke, allein die persönliche Bereicherung einzelner Personen wäre einer – dies glaubhaft zu machen, schafft Finkelstein nicht. Aus den anderen Diskussionen ums Verteilen oder Anwenden des Geldes sollten deutsche Nichtjuden sich heraushalten, sie sind innerjüdische, hier insbesondere inneramerikanisch-jüdische Angelegenheit.

Zwei Fragen sind von allgemeinerem Interesse. Zunächst: Was erzeugt mehr Antisemitismus – der Umgang jüdischer Organisationen mit dem Holocaust oder Finkelsteins Angriff gegen sie? Letzteres behaupten seine Gegner: »Wasser auf die Mühlen der Antisemiten«. Zweitens: Wie verhält es sich mit dem Dogma der Einzigartigkeit und Unvergleichbarkeit des Holocaust? Denn Finkelstein behauptet, es sei eines.

Zur ersten: Wodurch Antisemitismus wachgerufen oder verstärkt wird, ist eine komplizierte Frage – nicht umsonst gibt es eine wissenschaftliche Antisemitismusforschung. Die Dinge liegen tiefer, auch wenn man nicht der Meinung ist, Antisemitismus sei so etwas wie eine anthropologische Konstante und die Juden seien immer und überall bedroht – dies wäre deterministischer Unfug. Wenn ein Finkelstein auftritt wie Robin Hood und Rechenschaft fordert, dann ist das durchaus auch zur Ehre der Juden, und wenn die Institutionen, die er kritisiert, sich zu wehren wissen und klarlegen, daß krumme und persönliche Geschäfte nicht gemacht worden sind, ebenfalls (deshalb sollten sie es tun). Aufklärung sorgt noch allemal und ganz nebenbei dafür, daß Vorurteile hinweggefegt werden. Wahrheit hilft.

Zur zweiten Frage, der Einzigartigkeit und Unvergleichbarkeit. Wir kennen nur einzigartige Ereignisse, jedenfalls wenn wir genau hinsehen. Also handelt es sich beim Holocaust wohl um eine ganz besonders einzigartige Einzigartigkeit – leider irgendwie ein Konstrukt, und man könnte eine scholastische Diskussion daraus machen – man hat schon! Scholastik ist etwa so nützlich wie ein Intelligenztest: Man kann erkennen, wie sich der Gegner im begrifflichen Labyrinth bewegt, und wehe ihm, wenn er einen Fehler macht. Ich bin damit aufgewachsen, den Holocaust (damals hieß er noch Massenvernichtung oder schlicht »Auschwitz«) für so einzigartig zu halten wie möglich. Zumindest haben wir Deutsche nichts Vergleichbares in unserer Geschichte.

Für mich war die Einzigartigkeit nie Dogma, sondern

Überzeugung. Der Massenmord der Nazis hat mich beschäftigt, dennoch hatte ich kein rechtes Verständnis für die Gedenkübungen, für das Offizielle der Sache, für die große Schuldpflege. All das ist tatsächlich eher langweilig und steril gewesen, drohte von Anfang an zu inflationieren und zu erstarren, die Politikerreden hatten etwas leicht Knattermimenhaftes – und haben es bis heute. Daneben gibt es in den letzten Jahrzehnten eine immer offensichtlichere Verbindung zwischen Entertainment und Gedenkpflicht. Was mich mehr interessiert und woraus auch wirklich mehr zu gewinnen ist für das Leben und dafür, daß »das« nicht wieder geschieht, ist das Lesen forschender Bücher. Man lese Raul Hilbergs *Vernichtung der europäischen Juden,* man lese das Buch möglichst noch vor Finkelstein! Man schaue sich an, wie es gemacht wurde, wann und von wem. Dann ist man nicht mehr nur entsetzt und sagt immerfort: »Unfaßbar!«, sondern erlebt die Freude jedes Menschen, der den Dingen auf den Grund geht – das ist das, womit es weitergehen wird, wenn die sakralisierte Form des Gedenkens verschwunden ist.

Finkelstein sagt, die Einzigartigkeit des Holocaust sei deshalb Dogma geworden, weil einzigartige Schuld einzigartige Forderungen begründen helfe. Was auch heißen dürfte: ewige Unverzeihlichkeit, ewige Verweigerung jeden Verständnisses für die »Generation der Täter«, wohlgepflegtes Mißtrauen gegen ihr Land. Richtig, man sollte das alles nicht zur Priesterherrschaft ausarten lassen.

Mir scheint, daß man aus dem puren Immer-Wiederholen, Immer-Wiedersehen der Entsetzlichkeiten von

Auschwitz nicht viel lernt, sondern nur immer wieder entmutigt ist davon, wozu Menschen imstande sind. Da entsteht eher Abwehr. Viel lernen kann man aus der Vorgeschichte, besonders aus erzählerischen Werken. Wenn man etwa liest, was Sebastian Haffner, ein Mann mit ausgezeichneter Beobachtungsgabe und Sensibilität, über die Vorgänge 1933 schreibt – wie das war, als scheinbar honorige Leute anfingen, kariert zu reden, wie andere umkippten, von denen man mehr erhofft hatte. Dieses »Wehret den Anfängen!«, das wir so oft hören, beginnt doch damit, daß wir die Anfänge studieren, menschliche Seelen und Gesichter erscheinen lassen, daß wir sehen, wie schwach viele Menschen waren, gelähmt fast, wie sie sich selbst aufgegeben haben und nicht zu kämpfen wußten.

Das Gedenken an die Opfer wiederum kann auch nicht auf den Holocaust konzentriert werden. Man kann nicht jemandes Andenken pflegen, indem man ihn nur als Leiche in Auschwitz vor sich sieht und daran denkt, was ihm angetan wurde, sondern in erster Linie dadurch, daß man den Menschen sieht, der er vorher gewesen ist: voller Hoffnung, Liebe (Bosheit auch, bitte!) und Freude an Tätigkeit, Siegeszuversicht. Ich schreibe gerade an einem Roman über eine jüdische Familie in Berlin im neunzehnten und Anfang des zwanzigsten Jahrhunderts. Ich habe irgendwann gemerkt, daß mir dieser verdammte Holocaust vollkommen querliegt und daß ich ihn geradezu vergessen muß, um die Menschen, die ich liebgewonnen habe, richtig ins Bild zu setzen und nicht auf ihr kommendes Opfersein zu reduzieren. Das hieße, Holocaust-Kitsch zu programmieren. Nein, ich muß beim Erzählen meiner Geschichte von dem bleiernen, kalten Planeten Holocaust Abstand halten, so gut es eben geht.

Quelle: Frankfurter Allgemeine Zeitung, 15. Februar 2001

Hanna Rheinz

Ist Finkelstein wirklich ein Psychopath?

*Der Holocaust und die Metaphysik
der Haifische*

Die Debatte um das Buch des amerikanischen Politik-
wissenschaftlers Norman G. Finkelstein gerät zu einem
Spektakel, dessen Besonderheiten weniger in trium-
phierenden deutschen Neo-Nazis liegen, – diese waren
zu erwarten-, sondern in der Inszenierung negativer
jüdischer Identität. Denn sieht man vom medialen
Schattenboxen mit geschichtlichen Ereignissen und
deren Deutungen einmal ab, erschöpft sich das Echo
auf *Die Holocaust-Industrie – Wie das Leiden der Juden
ausgebeutet wird* (München, Piper, 2001) in einem
Sammelsurium von persönlichen Diffamierungen der
Person des Autors. Ihren Tiefpunkt erreichten sie mit
der Titel-Story »Finkelstein ist ein Psychopath«, die
ausgerechnet von der *Allgemeinen Jüdischen Wochenzeitung* (15. 2. 2001) in Auftrag gegeben wurde.

Daß Finkelstein mit seinen Thesen Ressentiments
schüren würde, war zu erwarten, doch nun scheint er
selbst leibhaftig vom Strudel der Ressentiments fortge-
rissen zu werden. Wir fragen uns: Ist Finkelstein wirklich ein Psychopath?

Niedergemacht, verunglimpft, verleumdet wurde er
überraschenderweise nicht nur von Journalisten, son-

dern von Historikern, die sich bei anderer Gelegenheit
um Seriosität bemühen und daher keinesfalls ad homi-
nem argumentieren (Piper, Ernst: *Gibt es wirklich eine
Holocaust-Industrie?* Pendo, Zürich 2001). Als beruf-
licher Versager, frustrierter Akademiker am unteren
Ende der Universitätshierarchie, als Sonderling, der
statt historischer Quellen unablässig seine Mutter
zitiere, als Exzentriker (dem Exzentriker David Irving
ebenbürtig), als einer, der »ein Büchlein«, noch dazu
»provinziell« verfaßt habe, das letztlich nur eine »gran-
diose pathologische Studie – über ihren Autor«
(Michael Brenner) sei, wird er beschrieben. Beruflich
eine Niete, wissenschaftlich indiskutabel, eine Rande-
xistenz, erregt der »Jude Finkelstein« nicht nur durch
seine Abstammung, seinen beruflichen Werdegang,
seine Lebensweise und sein persönliches Umfeld, sondern sogar durch sein Äußeres Mißfallen: Anstatt, wie
offenbar erwartet, heftig zu gestikulieren, kam er unauf-
geregt, ja »mit versteinertem Gesicht« einher, sprach
ruhig, geradezu monoton, »jedes Wort einzeln hervor
pressend wie ein Bauchredner« (*Der Spiegel,* Nr. 7,
12. 2. 2001) – womit, nebenbei bemerkt, der Beweis
erbracht wäre, daß statt einer Buch- offenbar eine Zir-
kus-Vorstellung erwartet worden war. Kurzum: Wie ein
roter Faden ziehen sich die küchenpsychologisch ver-
brämten Entwertungen der Person des Autoren durch
die Debatte.

Warum löst die Behauptung – aus Kenntnis der Verhältnisse in anderen Organisationen lag sie längst
nahe –, daß der mit dem Holocaust geltend gemachte
moralische Anspruch von Interessenverbänden auch als

Instrument benutzt werde, um Macht und Einfluß, ja sogar finanzielle Vorteile zu gewinnen, gerade in Deutschland solch bösartige und gehässige Reaktionen aus? Vor allem jedoch, warum geht diese heftige Abwehr des Menschen Finkelstein ausgerechnet von Seiten jüdischer Publizisten, Historiker sowie ihrer Anhängerschaft aus?

Daß nicht rechtsradikale Antisemiten hier als Verfolger auftreten, sondern die eigenen Leute, mag Außenstehende überraschen. Zu den gängigen Vorurteilen »den Juden« gegenüber gehört ja, daß diese ein geschwisterliches Zusammengehörigkeitsgefühl verbinde. Gerade von der in Deutschland, dem Land der Mörder, lebenden jüdischen Gemeinschaft wird dies erwartet. Das Gegenteil ist oft der Fall. Das innere Shtetl jüdischer Seelenverwandtschaft ist längst dem Erdboden gleich, zubetoniert worden; es wird hierzulande, wenn überhaupt, ohnehin nur noch als Kulisse benötigt.

Im Unterschied zur wohlwollenden Rezeption des Buches von Daniel Jonah Goldhagen, dessen Thesen von vielen Historikern allerdings als nicht weniger hanebüchen bewertet worden sind, enthüllt der unfaire und denunziatorische Stil, mit dem die Debatte um die *Holocaust-Industrie* geführt wird, in bedrückender Weise das, was man doch hatte verhindern wollen: Antisemitismus, und zwar in jener eben noch verschwunden geglaubten Variante des jüdischen Selbsthasses wie sie 1930 vom protestantisch getauften, später zionistisch bekehrten Theodor Lessing beschrieben worden ist. Lessing meinte, der seiner eigenen Wurzeln entfremdete Jude verliere sich in der negativen Identität der Assimilationsmühen, die nur durch Rückkehr zur inneren ebenso wie zur äußeren Natur, mithin zur jüdischen Identität und zur zionistischen Lebenspraxis in Eretz Israel kuriert werden könne.

Vor diesem Hintergrund gewinnt sogar die mutwillig in die Arena geworfene Psychopathie-Diagnose des ansonsten überwiegend publizistisch tätigen Henryk Broder eine gewisse Plausibilität. Freilich in anderer Weise als dies beabsichtigt worden war. So sie denn ernst genommen würde, träfe sie nämlich auf die jüdische Gemeinschaft in toto zu. Dies zeigt der Blick auf den im medialen Zeremoniell als »Psychopathen« etikettierten jüdischen Patienten. Kernsymptom seiner Psychopathie-Diagnose ist laut ICD-10 (Internationale Klassifikation psychischer Störungen) eine tiefgreifende Bindungsstörung. Diese erscheint überdies gemeinsam mit einer verlagerten, nämlich auf die nicht-jüdische Umwelt projizierten Leidenserwartung.

Während im Volksmund der Begriff »Psychopath« als Schimpfwort benutzt wird für einen asozialen, gemeingefährlichen, unberechenbaren und verantwortungslosen Menschen (wie Hitler, der Kinderschänder Bartsch oder Norman G. Finkelstein nach Broder), verweist das Symptom der Bindungsstörung auf den seelischen Ursprung des Leidens: das nie geglückte Vertrauen zur Umwelt und zu den Bezugspersonen, verweist auf immer wieder erfahrenen Verrat, auf wiederholt und traumatisch erlittenes Ausgegrenzt- und Herausgeworfen-Werden. Dessen Kompensation wird seit Lessing und Otto Weininger mit den Widersprüchen jüdischer Mentalität in Verbindung gebracht: ein oft übersteigertes, unter Belastung aber nicht tragfähiges Selbstwertgefühl, eine zur Koketterie neigende Idealisierung bestimmter als »typisch jüdisch« geltender Eigenschaften, vor allem jedoch die Schwierigkeit Empathie mit anderen Menschen zu erfahren.

Und damit stehen wir vor dem Kernproblem (negativer) jüdischer Identität in diesem Land, deren öffentliche Inszenierung wir Finkelstein zu verdanken haben. Der Stein des Anstoßes: Sind die in Deutschland lebenden Juden etwa auch Opfer ihrer eigenen Verbände geworden, die womöglich Entschädigungsgelder empfangen haben, ohne sie – bis auf einen Bruchteil von wenig mehr als 15 Prozent, an die Überlebenden weiterzuleiten?

Mehr als zehn Jahre nach der deutschen Wiedervereinigung zeigen die Kommentare auf diese provokativen Fragen, einen Querschnitt durch das Lebensgefühl der jüdischen Gemeinschaft in diesem Land. Manch einer erlebt die ethnisch definierte Identität als Anachronismus in einer globalisierten, an Meinungspluralität orientierten Welt, die ein Übermaß an Identitätsentwürfen anbietet, von denen jeder einzelne attraktiver dünkt als das »Gesamtpaket Judentum«, das für viele bereits den Hautgout des abgestandenen Nationalismus und Zionismus zu verbreiten scheint. Andere wiederum machen das erdrückende Gewicht jüdischen Schicksals für das Verschwinden der religiösen Identität verantwortlich, die längst von der zur »Ersatzreligion« mutierten Holocaust-Heiligung ersetzt worden sei. Doch diese Ikone jüdischer Leidenserfahrungen und jüdischen Opferstatus' – dies zeigte Peter Novick an den gesellschaftspolitischen Nutzanwendungen des Holocaust in der amerikanischen Gesellschaft – ist längst Bestandteil des amerikanischen Kollektivbewußtseins geworden.

In diese Situation tritt ein Autor, der sich als Tabubrecher versteht und mit der Behauptung, jüdische Opferverbände hätten sich an den Opfern der Nazi-Vernichtung bereichert, für Unruhe sorgt. Daß dies die Grundfesten der jüdischen Selbstdefinition erschüttert, liegt auf der Hand. Unregelmäßigkeiten im Transfer zwischen Funktionären und ihren Mitgliedern wären für jeden schwer zu verdauen. Für Menschen, deren Schicksal so eng verbunden ist mit der Aufkündigung von Loyalität und Verrat – erweist sie sich als Desaster.

Anders als in den USA richtet sich die Botschaft zudem nicht nur an das Verhältnis des einzelnen zu seinen Repräsentanten, sondern an das Selbstverständnis jüdischer Existenz überhaupt und muß daher im Zusammenhang mit den gesellschaftlichen Veränderungen der letzten Jahre betrachtet werden. Die äußeren Bedrohungen für die jüdische Gemeinschaft haben, trotz der immer wieder beschworenen Untergangsszenarien, auch in Deutschland nachgelassen; der Anstieg antisemitischer und ausländerfeindlicher Taten nach der deutschen Vereinigung war gefolgt von öffentlichen Solidarisierungen der Bürger (genannt seien nur die Lichterketten), die neuerdings sogar durch Regierungsinitiativen unterstützt werden. An die Stelle der auf die nichtjüdische Umwelt gerichteten Abwehrhaltung könnte eine differenziertere Betrachtung rücken, was nichts anderes bedeutet, als den Blick auch vor Mißständen innerhalb der jüdischen Gemeinschaft nicht länger abzuwenden.

Freilich erhebt sich die Frage, ob die im Kontext der amerikanischen Verhältnisse gewonnenen Erkenntnisse über die politische Rolle des Holocaust überhaupt auf dieses Land übertragen werden können. Doch was, wenn die jüdischen Verbände die Opfer der NS-Diktatur ein wiederholtes Mal zu Opfern, diesmal ihrer eigenen Entschädigungspolitik gemacht hätten? Was, wenn das Trauma des Vertrauensbruchs sogar bis zum inneren Kreis der jüdischen Gemeinschaft hinein gewuchert wäre? Würden die Funktionäre damit nicht zwangsläufig in die Fußstapfen der Täter treten? Erschienen sie den Opfern gegenüber damit nicht sogar als Komplizen der Nazi-Täter? Und ließe dies das Gerüst der Selbstrechtfertigungen jüdischer Existenz in diesem Land nicht vollends in sich zusammen fallen?

All diese Fragen stehen im Raum, ausgesprochen freilich wurden sie nicht. Kritiker stehen einer an den Kalten Krieg erinnernden Mauer der Abwehr und des Totschweigens gegenüber. Diese Abwehr hat ihre Gründe, doch sie haben sich überlebt. Historisch sinnvoll war sie als Abwehr- und Schutzhaltung einer verfolgten Minderheit, die ihr Überleben nur sichern konnte, indem sie sich der Duldung durch die Mächtigen versicherte und einen Pakt mit ihnen einging. Heute erscheint die unkritische Identifizierung mit der Machtposition, ganz zu schweigen vom daraus erwachsenden Opportunismus, obsolet. Außerdem ist sie zutiefst undemokratisch und birgt die Gefahr, den Schwächeren zu stigmatisieren und auszugrenzen. Wer mit dem

Argument der Antisemitismus-Gefahr die Kritik aus
den eigenen Reihen unterbindet, unliebsame Kritiker
mundtot macht, hat nicht verstanden, daß irrationale
Phänomene wie Judenfeindschaft den Rahmen kausaler
Bedingungszusammenhänge sprengen. Andererseits
besteht sehr wohl eine Kausalität zwischen der Entstehung kontrollfreier Räume und dem Mißbrauch von
Macht. Dies gilt auch für jüdische Verbände mit ihrem
ohnehin schwierigen Geflecht gegenseitiger emotiona-
ler Abhängigkeiten.

Der rüde Umgang mit Finkelstein zeigt, daß sich die
jüdische Gemeinschaft in Deutschland noch längst
nicht im Zustand der Normalität befindet. Kritik, die
sich nach innen richtet, führt noch immer zum Aus-
schluß. Sie läßt destruktive Haltungen aufbrechen, die
von verdeckten Schuldgefühlen genährt werden, deren
Quelle die Unsicherheit ist: dem eigenen Status in diesem Land, ebenso wie dem Status anderer Juden gegenüber, deren Motive leicht zum Ziel von Verdächtigun-
gen, Entwertungen, Unterstellungen werden. Nicht
selten rotieren sie um die Frage: Darf man überhaupt
im Land der Täter leben? Oder, wer darf hier überhaupt
als Jude gelten? Der mit deutscher Verwandtschaft
eigentlich nicht. Diese Fragen brechen mit jeder Grab-
schändung, mit jedem Anschlag, mit jeder verbalen
Entgleisung aufs neue auf. Gerade weil die Fliehkräfte
so groß sind, und viele Gemeinden an den Konflikten
zwischen den verschiedenen religiösen und ethnischen
Fraktionen schier zu zerbrechen drohen, wird umso
dringlicher an der vermeintlichen Konfliktfreiheit fest-
gehalten, dieser romantischen Fiktion jüdischer Solida-

rität über materielle und religiöse Interessen hinweg.
Damit wird ein Nachsinnen über die Ursachen von Zer-
würfnissen, über die in jeder Gemeinschaft bestehenden
Interessenkonflikte, über Privilegien und Kontrollmög-
lichkeiten, weiterhin verhindert. Weil das Selbstverständnis über Generationen hinweg aus dem Verfolgten-
und Minderheiten-Status hergestellt werden konnte,
muß die einigende Kraft, die im Austragen von Konflikten liegt, erst entdeckt werden. Doch schon wieder stehen wir vor der Falle der negativen Identität, denn je
unsicherer der eigene Standort, je brüchiger die Bindung an die Gemeinschaft, desto schwieriger ist es mit
Widersprüchen und den sie begleitenden Ängsten
umzugehen. Der Ruf nach Verboten, nach Ausgrenzung
folgt auf dem Fuß. Womit wir wieder bei der »Psycho-
pathie« wären, jener grundlegenden Bindungsstörung,
die in dieser Bedeutung als jüdischer Seelenzustand
auf deutschem Boden gelten kann.

Zugegebenermaßen erfüllt auch unser Autor einige
der beschriebenen Merkmale. Stichwort Empathie.
Anders als Goldhagen, der mit Blick auf seine Wirkung
beim Publikum, das eigene Erleben, die Identifizierung
mit den Opfern zuließ, weigert Finkelstein sich standhaft Mitgefühl zu inszenieren. Seine Verteidigung der
Schwachen und Zukurzgekommenen steht unter dem
Diktat der Rationalität, des politischen Programms. Er
projiziert den Haß nicht auf das Tätervolk eliminatori-
scher Antisemiten, sondern auf die Mächtigen innerhalb der jüdischen Gemeinschaft, die noch dazu, freu-
dianischen Assoziationen Tür und Tor öffnend, den
als Über-Ich- und Gewissens-Metapher anmutenden

Namen »Claims Conference« (Conference on Jewish Material Claims Against Germany) tragen.

Finkelsteins Pose entspringt allerdings auch einer Technik, nämlich der, sich nicht provozieren zu lassen, und emotionale Antworten zu unterdrücken. In diesem Zusammenhang steht das Insistieren auf Fakten, deren psychologische Dimension nicht Gegenstand der Reflexion wird. Dies, obwohl Finkelstein, ebenso wie Goldhagen die eigene Glaubwürdigkeit nicht nur auf seine Argumentationskette, sondern vor allem darauf stützt, persönlich betroffen zu sein. Während man Goldhagen nicht nur verzieh, sondern sogar dafür lobte, als Wissenschaftler nicht gefühlsneutral geblieben zu sein, löst Finkelsteins betont distanzierte, gefühlsleere Haltung Befremden, ja Aggressionen aus, in denen bei manchem Enttäuschung darüber zum Ausdruck kommt, die Spaltung von Gefühls- und Verstandesebene wie sie als charakteristisch für die Persönlichkeitsstruktur der Nazi-Täter beschrieben worden ist, nun sogar schon bei einem Juden anzutreffen.

Der Vorwurf, Verschwörungstheorien anzuhängen oder gar Sprachrohr der »Weisen von Zion« zu sein, verweist dagegen auf den Tunnelblick mancher Historiker: Ein Bumerang-Argument, denn wer anderen unterstellt, eine Konspiration finsterer Mächte anzunehmen, beweist nur, seinem eigenen Verschwörungsverdacht auf den Leim gegangen zu sein; er selbst steht im Bann der Krankheit, die er beim anderen zu diagnostizieren vermeinte.

Zurückgekehrt an den Ort des Verbrechens, ist der jüdische Patient. Siech wie ehedem, wartet er im Krankenstand auf eine Besserung seiner Lage. Vergeblich. Sein Leiden ist chronifiziert. »Nicht demütig ist, wer sich haßt« meinte schon E. M. Cioran. Im Selbsthaß schleudert er, wiewohl aus dem Zustand des Niedergebeugtseins, der Beschämung (vor allem jener, wieder und immer noch hier zu sein), sein »J'accuse« weit hinaus gegen den preußischblauen deutschen Himmel. Und findet sein Gleichgewicht erst wieder, wenn er andere für solch eklatantes Fehlverhalten öffentlich abkanzeln kann.

All dies ergibt das Psychogramm eines komplizierten Beziehungsgeflechts wie es im Umfeld von Loyalitätsbrüchen erfahren wird, von jüdischen Opfern jüdischer Organisationen, ebenso wie von allen anderen Juden in Deutschland. Eine Beschreibung, die der Finkelsteinschen Philippika in nichts nachsteht stammt aus der Feder von Karl Kraus. In hellsichtiger Vorwegnahme späterer Demontagen entwarf er sie als »Metaphysik der Haifische« bereits in den Zwanziger Jahren des letzten Jahrhunderts: »Die abgründige Scheusäligkeit einer jetzt viel verbreiteten Menschensorte, gezeichnet von dem Triumph, durch das Blut anderer zu Geld gekommen zu sein, wäre noch nicht das, was den in die Taille geschnittenen Siegertypus dieser Zeit zu einem solchen Bild des Grauens macht und was das Leben in dieser Gemeinschaft als eine Verurteilung zu lebenslänglichem Leben empfinden läßt, wenn nicht zur Ruchlosigkeit auch noch deren gutes Gewissen hinzukäme.«

Der »Metaphysik der Haifische« zufolge sind die hier lebenden Juden gestraft mit der »Verurteilung zu lebenslangem Deutschland«, was für viele nichts anderes bedeutet als lebenslang über »verwesendes Leben« zu schreiten. Nach Finkelsteins Appell wenigstens sind Opfer nicht dazu verurteilt, lebenslang ihren Verbandsvertretern treu zu bleiben. Sie könnten ihr Wahlrecht einfordern, ihre Mitbestimmung bei der Verwaltung des eigenen Schicksals durchsetzen, um endlich die im Umfeld der Bewältigung des Holocaust errichteten Denk- und Redeverbote als das zu entlarven, was Verbote schon immer waren: Instrumente der Kontrolle, die man unbedingt selbst in die Hand bekommen sollte.

Originalbeitrag

Die Autoren

Die Herausgeberin:
Petra Steinberger, geboren 1965 in München, absolvierte die Deutsche Journalistenschule, studierte Politikwissenschaft in München und Near East Studies in London. Sie schreibt für das Feuilleton der *Süddeutschen Zeitung.*

Jakob Augstein, geboren 1967 in Hamburg, ist Leiter der Berlin-Seite der *Süddeutschen Zeitung.*

Philipp Blom, geboren 1970 in Hamburg, lebt als freier Publizist und Romanautor in London und arbeitet für diverse große Zeitungen und Radiosender in Deutschland und Großbritannien.

Norman G. Finkelstein, geboren 1953, lehrt politische Theorie an der City University in New York. Zusammen mit Ruth Bettina Birn veröffentlichte er *Eine Nation auf dem Prüfstand: Die Goldhagen-These und die historische Wahrheit* (1998).

Daniel Ganzfried, geboren 1958 in Afulah/Israel, lebt als Schriftsteller und Journalist in Zürich. Er berichtete 1998 über die Affäre Wilkomirski.

Jacob Heilbrunn, geboren 1965, schreibt für *Foreign Affairs, New York Times,* und *Los Angeles Times.* Er war 1993–1999 Redakteur bei *The New Republic.*

Raul Hilberg, geboren 1926 in Wien, emigrierte 1939 mit seinen Eltern in die USA. Er war Professor an der University of Vermont. 1961 erschien in den USA sein heute als Standardwerk über den Holocaust geltendes Buch *Die Vernichtung der europäischen Juden.*

Lorenz Jäger, geboren 1951, ist Redakteur im Feuilleton der *Frankfurter Allgemeinen Zeitung.*

Detlef Junker, geboren 1939 in Pinneberg, ist Curt-Engel-horn-Stiftungsprofessor für Amerikanische Geschichte an der Universität Heidelberg. Von 1994–1999 war er Direktor des Deutschen Historischen Instituts in Washington, D. C.

Peter Longerich, geboren 1955, ist Professor an der Universität London. Von ihm erschien 1998 *Politik der Vernichtung. Eine Gesamtdarstellung der nationalsozialistischen Judenverfolgung.*

Charles Maier, geboren 1939, ist Professor für Geschichte und Direktor des Minda de Gunzburg Center of European Studies an der Harvard University.

Sten Nadolny, geboren 1942 in Zehdenick an der Havel, lebt als freier Schriftsteller in Berlin. Zuletzt erschien von ihm *Er oder ich* (1998).

Peter Novick, geboren 1934 in Jersey City/N. J., ist Professor für Geschichte an der Universität Chicago. 2001 erschien in Deutschland sein Buch *Nach dem Holocaust. Der Umgang mit dem Massenmord.*

Marcia Pally ist Professorin an der New York University und schreibt regelmäßig für die *Süddeutsche Zeitung* und die *Berliner Zeitung.*

Hanna Rheinz war Leiterin des Jüdischen Kulturmuseums Augsburg. Sie arbeitet als Publizistin und Psychologin in München.

Reinhard Rürup, geboren 1934 in Rehme/Westfalen, war bis 1999 Professor für Neuere Geschichte an der TU Berlin und ist Wissenschaftlicher Leiter der Stiftung Topographie des Terrors in Berlin.

Eva Schweitzer, geboren 1958 in Stuttgart, lebt als freie Journalistin und Buchautorin in New York.

Rafael Seligmann, geboren 1947 in Israel, lebt als Schriftsteller und Publizist in Berlin.

Peter Steinbach, geboren 1948 in Lage, ist Professor für historische Grundlagen der Politik an der Freien Universität Berlin und Wissenschaftlicher Leiter der Gedenkstätte Deutscher Widerstand in Berlin.

Natan Sznaider, geboren 1954, ist Professor für Soziologie am Academic College von Tel Aviv in Israel.

Leon de Winter, geboren 1954 in Hertogenbosch/Niederlande, ist Regisseur, Filmproduzent und Schriftsteller. Er lebt in den Niederlanden und in Los Angeles.

Michael Wolffsohn, geboren 1947, ist Professor für Neuere Geschichte an der Universität der Bundeswehr in München. Zuletzt er schien von ihm *Meine Juden – Eure Juden* (1997).

Slavoj Zizek, geboren 1949 in Ljubljana/Slowenien, ist Philosoph und Psychoanalytiker. Er ist Forschungsprojektleiter am Kulturwissenschaftlichen Institut in Essen.

PIPER

Enzyklopädie des Holocaust

Die Verfolgung und Ermordung der europäischen Juden.
Hauptherausgeber: Israel Gutman. Herausgeber der deutschen
Ausgabe: Eberhard Jäckel, Peter Longerich, Julius H. Schoeps.
Vier Bände in Kassette. Zusammen 1912 Seiten.

In über 1000 Stichworten wird der Versuch unternommen,
die Hintergründe, Abläufe und Auswirkungen des Holocaust
zu untersuchen. Neben der gesetzlich verankerten Rassenideo-
logie des NS-Staates und den Maßnahmen der Ghettoisierung,
Deportation und Ermordung der Juden wird den Verfolgten
im nationalsozialistisch beherrschten Europa breiter Raum
gewidmet. Die Haltungen der Menschen sowohl in den
besetzten Ländern als auch in den freien Demokratien zu
den Juden werden ebenso untersucht wie die Auswirkungen
des Holocaust.

»Wer immer sich ins Studium dieser Schreckensgeschichte
vertiefen will, findet hier eine unerschöpfliche Quelle für
biographische Details, wissenschaftliche Skizzen oder lexika-
lische Informationen.«
Frankfurter Rundschau

PIPER

Peter Longerich
Politik der Vernichtung

Eine Gesamtdarstellung der nationalsozialistischen
Judenverfolgung. 772 Seiten. Geb.

Die Verfolgung und Ermordung der Juden bleibt das zentrale
Ereignis der deutschen Geschichte in diesem Jahrhundert.
Wie sehr die Frage »Wie war es möglich?« bis heute drängend
aktuell geblieben ist, zeigen die Diskussionen in der Publizistik
der letzten Jahre. Peter Longerich stellt diese Frage in einen
grundlegenden Kontext. Seit der Öffnung der Archive in
Moskau, Ostberlin und anderswo ist es möglich, die praktische
Vorbereitung und Planung, kurz: die Politik gegen die Juden
als ein Gesamtgeschehen darzustellen. Ging es früher allzuoft
in der Forschung um Details und Einzelergebnisse, nimmt der
Autor hier das Ganze in den Blick. Longerich gelingt es, die
Verzahnung von Politik und Gewalt, die Logik des Geschehens,
ganz neu herauszuarbeiten, unabhängig von »Intentionalisten«
und »Funktionalisten« und anderen Grabenkämpfen der
Zeitgeschichtsforschung. Er hat damit ein Standardwerk
geschaffen, das in seiner umfassenden Darstellung die zeit-
geschichtliche Diskussion der nächsten Jahre bestimmen
wird.

PIPER

Michael Wolffsohn
Meine Juden – Eure Juden

288 Seiten. Serie Piper 2726

Juden und Deutsche nach 1945 – das ist eine Geschichte voller Peinlichkeiten, absichtlicher oder unabsichtlicher Kränkungen oder Mißverständnisse, voller Scheinheiligkeiten. Daß im Land der Mörder das Verhältnis zwischen Juden und Deutschen nicht »normal« sein kann, liegt auf der Hand – aber muß es so absurd verkrampft sein?

Michael Wolffsohn, der als Jude bewußt in Deutschland lebt, beleuchtet in seinem Buch, warum die Nachkommen von Opfern und Tätern sich so schwer miteinander tun. Wolffsohn leistet es sich, die Geschichte der Juden in Deutschland (West und Ost) nach 1945 so objektiv wie möglich, aber auch so subjektiv wie nötig zu schreiben. Neben der Darstellung ihrer Geschichte seit 1945 stehen immer wieder sorgfältig herausgearbeitete Beobachtungen eines Betroffenen über die »Rituale der Gutmenschen« ebenso wie den unterschwelligen gedankenlosen Antisemitismus im Alltag. Aber auch die innerjüdischen Schwierigkeiten, die tragische Absurdität jüdischer Existenz außerhalb Israels oder die Benutzung des Holocaust als politisches Instrument sind Themen.

PIPER

Gerald Messadié
Verfolgt und auserwählt

Die lange Geschichte des Antisemitismus.
Aus dem Französischen von Bertold Galli. 447 Seiten. Geb.

Die Judenfeindschaft hat viele Gesichter – entsprechend
schwierig ist es, eine Gesamtdarstellung zu verfassen. Gerald
Messadié sieht den Antisemitismus als Einheit über die Jahr-
hunderte hinweg. Er fängt seine große Schilderung an mit dem
Blick auf die Rolle der Juden in der antiken Welt. Den Haupt-
teil bildet der christliche Antijudaismus, der seit der Wandlung
des Juden Saulus zum Christen Paulus zweitausend Jahre lang
bestehen sollte. Im 19. Jahrhundert beginnt die mörderische
Variante: Der nationalistisch-rassistische Antisemitismus der
seinen Höhepunkt, aber nicht Abschluß, in Auschwitz finden
sollte. Messadié, als Bestsellerautor von historischen Romanen
wie Sachbüchern gleichermaßen ausgewiesen, ist es gelungen,
die großen Zusammenhänge deutlich zu machen.

»Ein mit Leidenschaft geschriebenes Buch.«
derniere heure, Brüssel